これだけは知っておきたい

発達が気になる児童生徒の理解と指導・支援

多様性のある子どもたちのあしたのために

阿部利彦・岩澤一美 著

金子書房

はじめに
〜オリジナル発達の子どもたちの「あした」を〜

　特別支援教育がスタートして10年以上が経ちました。教育の現場では小中学校に特別支援教室が作られたり，高校にも通級指導教室が設置されたり，また通常学級での支援も充実してきています。テレビでも発達障害が頻繁に取り上げられ，ドラマでも発達障害のある人たちが活躍する姿が見られるようになりました。発達障害に関する書籍も書店にたくさん並んでいます。
　このように発達障害に対する理解と支援が着実に歩を進めつつある昨今ですが，その担い手となり一線で活躍してくれていた先生方がそろそろ現場を去る時期に来ていることをひしひしと感じざるを得ません。その先生方が進めてくれたこれまでの歩みを止めることなく引き継ぎ，さらに前進させてくれる新たなる支援者を応援するために，何かできることはないかと考えたのが本書をまとめる出発点となりました。

　さて，10年前というと，私は現場を回って先生方とケースカンファレンスをしながら，各校の特別支援教育の推進をささやかながらお手伝いさせていただいていました。現在では，星槎大学および大学院で授業を通じて支援者を育てる立場です。
　本書の共著者である岩澤先生と私は，共生科学部においてそれぞれ「発達障害教育指導法（1）（2）」という科目を担当し，発達障害のあるお子さんのサポーターを育成しています。私たちの講義内容を1冊の本にうまく合体させることにより，発達障害に関する理解からさまざまな支援の手立てまでをご紹介できるのではないかと考え，岩澤先生にお願いし，このような形にまとめることができました。
　岩澤先生の授業は大変人気がありますが，それは子ども，保護者，先生をはじめとするさまざまな立場の人たちに寄り添うあたたかな視点をお持ちだから

だと思います．それだけでなく，忙しい学校現場や家庭で取り入れることができる具体的で効果的な支援方法が岩澤先生の講義にはちりばめられています．その内容を多くの方に届けることが，新たなる支援者育成のための手助けになってくれると確信しています．

　私は，発達につまずきのある子どももない子どもも皆，一人ひとりちがっている，一人ひとりがオリジナル発達だと考えています．そのオリジナル発達の子どもたちが自ら道を切り開き，あしたへ一歩一歩進んでいくために．
　そして，特別支援教育が特別でなくなる，その日のために．

2018 年 12 月 24 日

阿部利彦

これだけは知っておきたい
発達が気になる児童生徒の理解と指導・支援
多様性のある子どもたちのあしたのために

目次

はじめに～オリジナル発達の子どもたちの「あした」を～ ——— i

あしたのために その1　発達障害の特性理解 ——— 1
 1. 発達障害とは　1
 2. LD（学習障害）とは　2
 3. ADHD（注意欠如多動症）とは　3
 4. 自閉スペクトラム症（ASD）とは　5
 5. 理解と支援のポイント　6

あしたのために その2　心理教育アセスメントについて ——— 9
 1. 子どもを「立体的」に見る　9
 2. 心理教育アセスメントの実際　10
 3. WISC-IVによる特性把握　12

あしたのために その3　個別指導計画と学習指導計画の作成 ——— 19
 1. 個別指導計画とは　19
 2. 個別指導計画の書式と作成　20
 3. 個別指導計画作成の手順　23
 4. 学習指導計画の作成　24

あしたのために その4　学習のつまずきと支援 ——— 27
 1. 学習のつまずきはなぜ起こるのか　27
 2. 意識を変える　28
 3. 学習の苦手への支援にとって必要なこと　30
 4. 読むことや書くことが苦手な子どもへの支援　31
 5. 算数の苦手な子どもへの支援　33

あしたのために その5　行動上のつまずきと支援 ——— 35

1. 人の行動には意味がある　35
2. 行動を整理する視点　36
3. 「問題行動を減らす」でなく「適切な行動を増やす」という発想へ　37
4. 叱ることが問題行動を増やすこともある　38
5. タイムアウトの難しさ　38
6. 罰的な指導をしなくても行動は変えられる　39
7. 大人の行動も強化されている？　40

あしたのために その6　運動面での支援 ——— 43

1. 運動が苦手な子どもの特徴　43
2. 運動面のアセスメント　44
3. 固有感覚と前庭感覚　45
4. 視機能・注意機能　47
5. 自分の体とのつき合い方を具体的に教える　49

あしたのために その7　社会性のつまずきと支援 ——— 51

1. 社会性とは　51
2. 自己紹介を友だち作りに生かす　51
3. 周囲の子どもとトラブルを起こす子どもへの接し方　53
4. コミュニケーションをとることが苦手な子どもへの支援　56

あしたのために その8　クラスワイドのソーシャルスキル指導 ——— 59

1. ソーシャルスキルとは　59
2. 学校教育とソーシャルスキル指導　59
3. ソーシャルスキル指導の実際　61
4. ソーシャルスキル指導とその効果　66

あしたのために その9
授業を通じてのソーシャルスキルトレーニング（SST） ——— 67

1. 対話型の授業に苦戦する子どもたち　67
2. 対話スキルの向上を目指して　68
3. 国語の授業でSST　69
4. 算数の授業でSST　71
5. 体育の授業でSST　72
6. 「考え方」の幅を広げるソーシャルスキル指導　73

目　次

 7．クラスにおけるソーシャルスキル指導　　74

あしたのために　その10　通級や支援教室を活用した支援方法 ―――― 75
 1．アセスメントにもとづく支援の重要性　　75
 2．自己理解を深める　　76
 3．学び方を学ぶ　　79
 4．ビジョントレーニング　　80

あしたのために　その11
保護者との面接及び家庭内の関係調整・就学相談――――――― 83
 1．保護者との面接にあたって気をつけたいこと　　83
 2．面接の実際　　85
 3．家庭内の関係調整　　87
 4．就学相談　　88

あしたのために　その12　クラス担任・学校へのコンサルテーション ―― 91
 1．行動観察についてのフィードバック　　91
 2．教育のユニバーサルデザインの視点で　　92
 3．個別支援（合理的配慮）の提案　　96
 4．保護者支援の提案　　97

あとがき――――――――――――――――――――――――――― 99

発達障害の特性理解

あしたのために その1

阿部　利彦

1. 発達障害とは

　皆さんは「発達障害のある子ども」と聞くと，自分たちとはかけ離れた存在のように思われるかもしれません。しかし，私たち誰もが発達障害のある人や子どもと似た部分を持っているのです。

　例えば，①聞き間違いをすることがある，②漢字の細かい部分を書き間違えるときがある，③暗算が苦手だ，というような方は，学習障害（LD）／限局性学習症（SLD）のある子どもの気持ちに寄り添えるかも知れません。

　また，①気が散りやすい，②人の話を聞き終わる前に話し始めてしまう，③順番を待つのが好きではない，といった特徴のある方は，注意欠如多動症（ADHD）のある子どもの気持ちに共感できるかも知れません。

　さらには，①急な予定の変更に弱い，②場の空気を読むのが苦手だ，③特別にこだわっているものがある，という方は，自閉スペクトラム症（ASD）のある子どもの辛さがわかるかも知れません。

　私たち誰もに多少は見受けられるような，そんな特性がかなり色濃く出てしまっているために，学校生活で辛い思いをしている子どもたちがいます。その中には，発達障害の子どもも含まれています。通常学級における，学習面，行動面，対人関係面でなんらかの配慮が必要な子どもは6.5%と推定されています（文部科学省の2012年度の調査より）。

　しかしながら，私たち教育現場に携わる者にとって発達障害のある子どもとない子どもを線引きするのはとても難しいことでもあります。とはいえ，学校や家庭で困っている子どもたちを判断しようとすることは大切なことです。なぜなら診断名はその子どもを支援するための大切な手がかりの1つとなるからです。

> あしたのために　その1

　例えば，LD のある子どもであれば，まず読み書きの支援を検討します。ADHD のある子どもであれば，注意機能の問題をポイントにして支援を検討します。ASD のある子どもの場合は，対人関係面の配慮から支援をスタートさせるようにします。

　発達障害のある子どもとない子どもを分けるためではなく，効果的に支援を組み立ててその子どもの持っている力を引き出すためにこそ，診断や判断は必要なのです。

2. LD（学習障害）とは

　LD は学習面でのつまずきが主となるために，就学前の時期は見過ごされてしまうことも多い障害です。小学校に入学しても「自主性が乏しい」，「要領が悪い」などと誤解されやすく，別名「見えない障害」とも言われています。LD の定義としては，図1-1 のようになります。

LD（学習障害）
Learnng Disorders

①	聞く
②	話す
③	読む
④	書く
⑤	計算する
⑥	推論する

能力のうちいずれかの習得と使用に著しい困難を示す。

図1-1　LDの定義

　LD のある子は，①言葉による指示を何度も確認に来る，②話し合い活動が苦手，③音読で読み飛ばしが多い，④字を書くのが苦手・遅い，⑤計算が苦手である，⑥図表から必要な情報をつなげて考えをまとめることが困難，などの課題がみられます。

　学習障害のある子どもが見過ごされた場合，怠けている，努力不足，意欲が

ないなどと誤解されたまま学校生活を送り，自尊感情が低下してしまう可能性があるのです。

　学習障害のある子どもは，学校生活，特に授業の中で苦手なことにいつも直面していますから，「苦手なことに日々チャレンジしている子ども」だと考えることができます。ですから，彼ら彼女らにとって学校に行くということは日々挑戦なのです（図1-2）。

図1-2　LDの見方を変える

　では，支援をする場合に，どのようなことを大切にしていけばいいのでしょうか。それは支援者が工夫をこらして「学ぶ楽しさを伝える」ことでしょう。学ぶというのは新しい自分に変わることです。これまで知らなかったことを知り，自分の世界を広げ，「私にもできた」，「ぼくにもわかった」という喜びを感じることが，子どもたちの主体性を育むことにつながるのです。

学習障害のある子どもの支援のポイント

① 学ぶ楽しさを伝える工夫を
② 得意な面から力を伸ばす
③ できるようになったことを定期的に子どもと確認する
④ 覚え方のコツなど学び方を具体的に教える
⑤ 積極的に支援ツールを活用する

---

3. ADHD（注意欠如多動症）とは

　ADHDは，①不注意，②多動，③衝動性が基本的な課題となります（図1-3）。育ち方のせいではなく，生まれつきの脳の機能によるものですが，「しつけが悪いせいだ」，「自分勝手だ」と誤解されやすい面があります。

あしたのために　その1

注意欠如多動症
(Attention-Deficit/Hyperactivity Disorder)

①	不注意
②	多動
③	衝動性

図1-3　ADHDの定義

　学校生活においては，①不注意な間違いをする，②課題や遊びの活動で注意を維持することが難しい，③着席しているべきときに席を離れてしまう，④やるべき課題を最後までやり遂げられない，などの課題がみられます。
　注意機能について言えば，「注意の維持」だけでなく，「必要なところに注意を向けること」，「注意の切り替え」，「注意の振り分け（注意の分割）」などにもつまずきがあることが多いため，注意機能に焦点を当てた支援はとても重要です。
　この注意機能は学習能力の土台であり，またセルフコントロール能力を支えるものでもあります。注意集中を鍛えることにより，衝動性を抑えることもできるからです。
　ADHDのある子どもは「元気いっぱい，エネルギッシュな子ども」と考えることができます。また，お役立ち行動に意欲的な子どもが多くみられるのも特徴の1つです。支援のポイントとなるのは，この他者貢献の体験を増やしてあげて達成感を積み重ねること，さらには「自分のあふれるエネルギーとの上手なつきあい方」を学ばせていくことです。

ADHDのある子どもの支援のポイント

① 刺激量の調整をする
② 具体的な行動目標を設定する
③ 注意機能を育てる
④ 他者貢献の機会を増やし達成感を与える
⑤ 良いところをほめ，認める

4. 自閉スペクトラム症（ASD）とは

　自閉スペクトラム症のある子どもは，主に①意思疎通や対人交流に関する問題，②限定された行動パターンや限定された関心・活動領域の反復，という２つの特徴があります（図1-4）。彼らは「融通がきかない」，「自己中心的」，「何を考えているかわからない」，といった誤解を受けやすいようです。

自閉スペクトラム症
（Autism Spectrum Disorder）

①	**意思疎通**や**対人交流**に関する問題が持続的に複数の場で認められる
②	限定された行動パターンや限定された**関心・活動領域**の反復

図1-4　ASDの特徴

　学校生活では，①他者の気持ちが理解できないことから友人関係でつまずいたり，②興味範囲が狭いことから特定の活動にしか意欲的に参加できなかったり，③感覚刺激への過敏さの影響で不安定になったり，④こだわりの強さから急な予定の変更によりパニックになったりすることがあります。
　特徴であるコミュニケーションの難しさの背景としては，①他者視点取得の課題，②表情認知・状況把握の課題，③感情調整機能の弱さ，といったものがあげられます。
　でも，「こだわりが強い」というとマイナスに聞こえますが，例えば，職人のこだわり，とか，シェフのこだわり，というとカッコよく聞こえませんか？　自閉スペクトラム症のある子どもは，興味関心があることには大変意欲的に取り組むことができるので，その子どもの「こだわりをいかす」という考え方が重要です。自閉スペクトラム症のある子どもは，「自分流をつらぬく信念（こだわり）の子ども」と考えることができます。
　支援のポイントは，「人とつながる力を育てる」ということでしょう。そのため，ソーシャルスキルトレーニング（SST）を取り入れることが非常に効果的です。その場合，もちろんその子どもに対する個人的なSSTも必要ですが，その子ど

あしたのために その1

もも含めたクラスワイドのSSTを実施することにより、発達障害のある子どもも ない子どもも生活しやすい教室の人的環境を醸成することができます。

　クラスワイドのSSTにも、①授業以外の時間に設定するSSTと②教科の特性をいかしながら授業の中で行うSSTとがあります。これらのトレーニングをうまく組み合わせることにより、般化が難しい自閉スペクトラム症のある子どもたちへの支援が可能となります。

ASDのある子どもの支援のポイント

① 視覚的手がかりを提示する
② 見通しを持たせる配慮を
③ 指示やルールの明確化
④ 新しい活動の前にリハーサルを
⑤ ソーシャルスキルトレーニングの導入

5. 理解と支援のポイント

(1) 「変わりたい」という気持ちを育む

　発達障害のある子どもたちへの支援で大切なことは、子ども自身の「変わりたい」という気持ちを育むことです。例えば大人側が「この子どもにはもっとコミュニケーションのスキルが必要だ」と考えトレーニングを行っても、その子ども自身が必要性を感じていなければ、やらされている感覚しか持てず、スキルは身につきにくいでしょう。たとえトレーニングの場である程度使えるようになっても、そのスキルを家庭やクラスで使おうという意欲に結びつきにくいのです。

　本人が自分の課題に気づき、その課題に向き合い、そして変わりたいという気持ちとつながらないと、支援はその子どもにとって「他人事」になってしまいます。その子どもの変わりたいというモティベーションが支援の鍵なのです。

　変わりたいという気持ちを育むためには、まず本人の自己理解を促進するところから進めていく必要があります。

(2) 「変わった」という成長感を育む

　子どものモティベーションを引き出し支援を積み重ねていく中で，忘れてはいけないことは，「できるようになったこと」を子どもと共に振り返ることです。「私にもできた」，「ぼくにもわかった」という実感と共に，達成できたことをできる限り視覚化し，目でも確認できるようにしていくとよいでしょう。

　自分ががんばってきたことの証を「見える化」することにより，子どもは自己成長感を得ることができるのです。

(3) 「変わりたい」という気持ちを維持させる

　子どもの「もっと成長したい」というさらなる意欲を引き出し，維持するためには，支援者側がしっかりとした見通しを持つことが大切です。トップダウン的な発想のもと，長期目標の設定とそれに向けた短期目標の検討，スモールステップをどうデザインするか，などについて念入りに検討を行わなければなりません。

　とくにこの目標設定については，丁寧なアセスメントによる分析に基づいて行われる必要があります。一人ひとりの子どもの特徴を詳細に把握した上での，子どもの立場に立った支援のデザインが求められているのです（図1-5）。

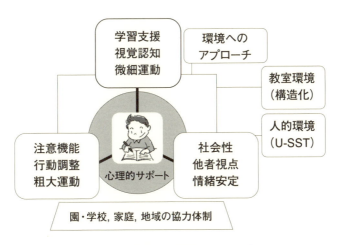

図1-5　本書での支援のイメージ

あしたのために　その1

[引用・参考文献]

阿部利彦（2006）『発達障がいを持つ子の「いいところ」支援計画』（ぶどう社）

阿部利彦（編著）（2015）『見方を変えればうまくいく！ 特別支援教育リフレーミング』
　　（中央法規出版）

文部科学省（2012）「通常の学級に在籍する発達障害の可能性のある特別な教育的支援
　　を必要とする児童生徒に関する調査」調査結果

心理教育アセスメントについて

あしたのために
その **2**

岩澤　一美

1. 子どもを「立体的」に見る

　子どもを理解し，その子どもに適した指導や支援の方法を考えるためには，その子どもを「平面的」に見るのではなく「立体的」に見る必要があります。

　子どものことをよく観察していてすべてを理解していると思っていても，実はある一面しか見えていないことに気づかされることはよくあることです。子どもを正面から見て，すべてわかっているつもりでも，当たり前のことですが子どもは「立体的」な存在ですから，正面からは顔の表情しかわかりませんし，後頭部や側頭部は見えません。もし後頭部や側頭部の情報を知ろうとする場合には，自分で横なり後ろなりに回り込んで観察するか，他の人に見てもらって情報を伝えてもらう必要があります。

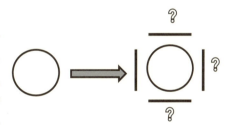

図2-1　子どもを「平面的」ではなく「立体的」に見る

　このように子どもに関わる指導や支援に必要な情報を心理や教育的観点等のいろいろな角度から収集することを，心理教育アセスメントといいます。特に発達が気になる子どもの指導や支援にあたっては，心理教育アセスメントを行うことは不可欠なこととなります。

　また通常学級などで発達が気になる子どもがいる場合，その指導や支援は担任の先生一人に委ねられがちですが，本来こうした子どもの指導や支援は，担任一人が行うものではなく，「チーム学校」として取り組むべきものです。心理教育アセスメントも同様で，発達が気になる子どもの担任や指導する人が一

あしたのために その２

人で取り組むべきものではなく、その子どもに関わるすべての人が情報を出し合ってそれらを集約することが必要であり、学校や学年、クラスの中だけに留まるのではなく専門機関等と連携することも考える必要があります。

2. 心理教育アセスメントの実際

心理教育アセスメントを行う際には、以下に述べる５つの観点で子どもの情報を収集します。

(1) 基本的な情報

子どもがどのようなことで困っているのか、どのような問題を抱えているのか、また保護者は子どもに対してどのような支援を望んでいるのか、本人や保護者との面談、他の担当者からの聞き取りや報告、そして本人の学校生活の様子を観察する行動観察から情報を収集します。

これらのことはどこの学校でも普通に行われていることだと思いますが、この中で特に重要なのが行動観察です。どのようなことが好きで、どのようなことが嫌いなのか、怒りや不安を感じるとどのような行動を取るのか、どのようなことにこだわりを持っているのか等を、日常の生活の中で観察をします。特にトラブルを起こした際には、「またやった！」と対処療法的に指導するのではなく、「なぜやったのか？」とその原因について考えることで、その子どもの行動を理解することができ、適切な指導や支援につながります。

(2) 特性把握

その子どもの特性を知能検査により客観的な形で把握します。知能検査にはWISC-Ⅳ、K-ABCⅡ、田中ビネー知能検査Ⅴなどがあり、調査の目的によって検査を選択します。

よく現場の先生方から「クラスに発達が気になる子どもがいて、検査を受けてほしいのだけれど、どのように保護者に伝えればよいか」という相談を受けます。私のところに相談に来られて、子どもに知能検査を受けさせる方の中には検査を拒否したり難色を示されたりする方はほとんどいらっしゃいません。

それは子どもに関して悩みを抱えていて、解決の糸口を見つけたいという思いを持った方がほとんどだからだと思います。しかしながら、保護者が学校の先生から「気になるから知能検査を受けてください」と言われた場合には、強く拒絶されたり、怒り出すことが予想されます。保護者の多くは自分の子どもの特性に薄々気づいてはいるものの、他人からそのことを指摘されると動揺します。このため学校の先生が保護者に知能検査を受けて欲しい旨を伝える際には、焦らずに時間をかけて保護者との信頼関係が出来上がってから、伝えるようにする必要があるでしょう。

(3) 学力把握

　学年相応の学力が身についているのか、身についていない場合には何学年程度の遅れがあり、どのようなところでつまずいているのかを把握します。この際、不登校で学校に通っておらず家庭でも学習していない場合は、ただ単に学習をしていないからできないのかどうかを知能検査の結果などをふまえて慎重に判断する必要があります。

(4) 身体・運動面の特性把握

　姿勢の保持が難しい、鉛筆をしっかり持てない、ハサミが上手に使えない等の身体・運動面の特性を把握します。

　姿勢の保持が難しい＝落ち着きがない、とすぐに判断するのは誤りで、場合によれば背筋が極端に弱く、どうしてもきちんと座っていられないだけかもしれません。小学校１年生で、鉛筆で字や線を書くことに難があり、まっすぐに線が書けずに波打ってしまう子どもがいました。実際に書かせてみると右手だけでは鉛筆を支えることができずに、芯のところに左手の指を添えていました。左利きの可能性も考えて、左でも書かせてみましたが同じ状態でした。握手をしてみると、極端に握力が弱くしっかりと物を握ることが難しいことが判明しました。まだ小学校に入学したばかりということで経過を見ることにしましたが、その子どもは現在中学生となり、問題なく鉛筆で字を書いています。

(5) 生活行動面の行動把握

「同じことを何度も注意される」,「準備がいつも間に合わない」,「忘れ物が多い」等の生活場面での行動について把握します。本人は特段悪気もなく,自分でもなぜそうしてしまうのかわからないことも多くあり,行動面にその子どもの特性が表れることもありますので,気になる行動がある場合には見過ごすことなく注意して観察するように心がけてください。

また,学校での様子と家庭での様子が異なる子どももいます。家ではやらないけれど学校ではやる,また逆に家ではやるけれど学校ではやらないなど,周囲の人数や空間の広さの違いで異なる行動をとることは多々ありますので,保護者との面談等で確認することも大切です。

3. WISC-Ⅳによる特性把握

WISC-Ⅳは世界的にも最も多く用いられている検査の1つであり,特に発達障害の判定材料に用いられることもあり,日本でも多く用いられています。ここでは,心理教育アセスメントにも多く用いられる WISC-Ⅳを用いた特性把握の方法について取り上げたいと思います。

(1) WISC-Ⅳの概要

WISC (Wechsler Intelligence Scale for Children) -Ⅳはウエクスラー式知能検査の1つで,5歳以上17歳未満を対象年齢として,テスターが受検者と1対1で行う個別式の検査です。

WISC-Ⅳの検査の構成は,本検査10種類・補助検査5種類の下位検査からなり,本検査10種類で5つの合成得点(全検査IQと4つの指標)を算出することができますが,下位検査のバランスを見る上で補助検査から2種類を実施することが推奨されています。また,検査に要する時間ですが,受検者の個人差もありますが大体60～90分ぐらいで,あくまで個人的感覚ですが,WISC-Ⅲよりも受検者の子どもの負担が軽いように思います。

このような概要のWISC-Ⅳですが,保護者からは「次はいつ受けたらいいのか」という質問をよくされます。保護者からすると子どもの変化を期待して

すぐにでも次をと望む気持ちが強いのはよくわかります。しかしながら、原則として前回の検査から6か月以上間を空けることになっていますし、子どもが検査問題を一部覚えてしまっている場合などは、正しい結果が取れないこともあります。私の場合は、再受検の場合には2年程度の間隔を空けるようにお願いしています。

また近年では、WISC-Ⅳを実施することができる者として、心理教育アセスメントに関する知識と経験を持つ専門家に限定しています。臨床心理士、特別支援教育士、学校心理士、臨床発達心理士の有資格者、医療関連国家資格所有者などの専門性の高い検査者が行うこととされ、検査結果についても保護者や学校には全検査IQと4つの指標のみを提示することになっています（専門家間であればその他の検査結果の開示は認められています）。

(2) WISC-Ⅳのプロフィール表のことばの意味

ここでは、WISC-Ⅳで基本的に示されるプロフィール上にあることばの意味は以下の通りです（4つの指標については「(3) WISC-Ⅳによるプロフィール分析」で示します）。

表2-1　WISC-IVで使われている項目・用語

全検査（FSIQ）	全般的な知的能力のことです。
評価点合計	検査から得られた粗点を年齢に応じた「評価点」に換算し、合計した値です。
合成得点	評価点合計から割り出された値。判定やプロフィールの分析にはこの値を用います。
パーセンタイル	得られた合成得点がどの位置にあるのかを示します。
信頼区間（90％・95％）	合成得点の信頼度は90％（95％）で、算出された合成得点が位置すると推定される範囲です。

(3) WISC-Ⅳによるプロフィール分析

「WISC-Ⅳの分析はどうしたらできるようになりますか？」というような質問をよくされます。そのたびに私は「一番簡単で一番正確なのは、『専門家にしてもらう』ことです」と答えます。確かに自分で正確な分析ができればそれ

あしたのために その２

に越したことはないのですが，それには時間も経験も必要になり，実際に学校現場で発達が気になる子どもがいた場合には待ったなしで時間的な余裕はありません。子ども中心に考えた場合には，何年後かには分析できるようにはなりたいが，今は目の前の子どもの支援を第一に考えるために専門家の手を借りるのが一番なのです。しかしながら身近に専門家がいない場合それもままなりませんので，大まかに子どもの特性を把握するための方法として４つの指標のうち１つだけ落ち込みがある場合にどのような特性が考えられ，どのような支援の方法が考えられるのかについて述べたいと思います。

①言語理解（VCI）の落ち込みがある場合
　言語理解（VCI）は言語を理解する力なのですが，特に長い説明や複雑な説明を理解する，また逆に自分でそれらを表現する力です。
　この言語理解の力が落ち込んでいる子どもは，基本的に「ことば」が間に入る事柄,例えば「ことばで表現する」,「人が言っていることばを理解する」,「ことばで考える」等に苦手を抱えます。「ことば」が間に入ってくると途端にできないことや苦手なことが出てくるのです。
　このため，このタイプの子どもは，学習全般に落ち込みがあることが多くあります。当たり前のことですが，授業は「ことば」を用いて説明が行われるわけですし，教科書も当然ながら「ことば」が書いてあります。このために学習内容が理解できずに，「どうせわからないから」とあきらめてしまうケースが多々あります。また，音読はできるのですが，書いてある文章の意味が理解できないということもあり，計算はできるのですが，文章題になると途端にできなくなるといったようなこともあります。
　またコミュニケーション面においては，低学年のうちはまだ会話の量もスピードもさほどではないので何とかついていけるのですが，小学校３年生を過ぎるころから周囲の友だちの会話の量やスピードが格段に上がり，それについていくことができずに会話に加われなくなってきます。さらに，指示の理解ができずに集団から外れてしまいがちになります。
　このタイプの子どもへの支援で大切なことは，「ことばだけで説明しない」ということです。全くことばを用いないで説明をすることは不可能だとしても，

できるだけ具体物を用いながら端的で簡単な表現で説明をすることはできるでしょう。また，文章題などでは問題の内容を図示することも効果的です。

②知覚推理（PRI）の落ち込みがある場合
　知覚推理（PRI）は目から入ってくる情報を処理する力ですが，具体的に学習面では図形を認識する力がそれに該当します。また日常生活の面では，人間は人と話しているときに何も考えずに話を聞いていることはまずなく，話を聞きながら頭の中で内容をイメージして聞いています。このイメージする力が知覚推理です。
　この知覚推理の力が落ち込んでいる子どもは，学習面よりも生活行動面で困難を抱えることが多くあります。特に，その場の雰囲気を理解できずに場違いな発言をしてしまったり，人の気持ちを理解できずに人を傷つけるような発言をしてしまいトラブルになるなど，「トラブルメーカー」とされることがあります。しかしながら実際に指導をしてみると，本人には悪気はなく，なぜいけないことなのかを全く理解していないということがよくあります。
　こうした子どもに対する支援としては，トラブルが起きたときにそれを放置せずに記憶が新鮮なうちに振り返りを行うことです。できるだけ子どもに話をさせ，それを共感的に聞き，子どもの気づきを待つ，かなりの根気と時間を必要としますが，大人が教えたことよりも自分で気がついたことの方が定着は明らかに早いのです。このことをトラブルのたびに繰り返していくと場の空気を読む力がつくわけではありませんが，子どもには行動の「引き出し」が増えることになり，同じような場面で未然にトラブルから回避できるようになるのです。

③ワーキングメモリー（WMI）の落ち込みがある場合
　ワーキングメモリー（WMI）は，ごくごく簡単な言い方をすると集中力です。特に，耳から入ってくる情報を短期的に覚えておく力です。
　このワーキングメモリーの力が落ち込んでいる子どもが最も困っていることは，集中力が長く続かないということです。一生懸命先生の話を聞こうとしているのですが，どうしても周囲の子どもの話し声や物音が気になってしまい集

あしたのために その2

中できなかったり，自分でも気がつかないうちにボーっとしてしまって大切な事柄を聞き逃してしまったり聞き違ってしまったりします。

これらのことが原因となって，日常生活においても忘れ物が多かったり，友だちとの約束を忘れてしまってその結果約束を破ってしまうことがあり，厳しく叱られてしまうのだけれども，また同じことを繰り返してしまいます。

このような子どもの支援でポイントとなるのが，「メモをとる」ということになります。次に述べる「処理速度」が同時に落ち込んでいる場合は手書きでメモをとることはかなり困難になりますが，メモをとる形態に必ずしもこだわる必要はなく，そうした子どもの場合はICレコーダー等に録音するという方法でも構いません。メモをとり，それを家に帰ってから確認する，この習慣が「忘れる」という失敗を防ぐことになります。こうしたアドバイスをすると，中には「うちの子はメモはとるのだけれど，家に帰ってメモを見るのを忘れてしまう」という保護者がいますが，いきなりメモをとって家でそれを確認することが定着するような子どもはかなりの少数です。定着するまでの間は，家で一緒にメモを見て確認するような支援が定着を早めることにつながります。

④処理速度（PSI）の落ち込みがある場合

処理速度（PSI）は，目から入る情報を処理する力で，学校生活で言えば板書を写すような力です。目で見てパッと覚えて手に伝える事務処理的な力です。

この処理速度の力が落ち込んでいる子どもは，物事をスムーズに処理することが苦手で，準備が間に合わなかったり，時間内に課題が終わらなかったりします。

こうした子どもの支援にあたって決して言ってはならないことばがあります。それは「早くしなさい」です。こうしたタイプの子どもはプロセスをいくら早くさせようとしても無理な話で，プロセスを急かすぐらいであれば，「早く始めさせる」ことが必要なのです。他の子どもが10分かかるところをその子どもは15分かかる。それであれば，他の子どもよりも5分早く始めさせれば他の子どもと同じように終わることができるわけです。

また，このタイプの子どもは字を書くことを嫌がることが多くあります。特に高学年になってマス目が小さくなってくるとほとんど手をつけなくなってき

ます。こういった場合には，小さなマス目に字を書くことを強要せずに，大きなマス目のものを用意してそれに書かせたり，プリントであれば拡大コピーしたものに書かせることによって，取り組みが見違えるようによくなります。

個別指導計画と学習指導計画の作成

あしたのために その 3

岩澤　一美

1. 個別指導計画とは

　個別指導計画は特別支援学校のみが行うものと思われている方がいますが，そうではありません。平成16年1月の文部科学省「小・中学校におけるLD（学習障害），ADHD（注意欠陥／多動性障害），高機能自閉症の児童生徒への教育支援体制の整備のためのガイドライン（試案）」の中で次のような記載があります。

> 個別の指導計画は，児童生徒一人一人の障害の状態等に応じたきめ細かな指導が行えるよう，学校における教育課程や指導計画，当該児童生徒の個別の教育支援計画を踏まえて，より具体的に児童生徒一人一人の教育的ニーズに対応して，指導目標や指導内容・方法を盛り込んだものである。平成11年3月告示の盲学校，聾学校及び養護学校学習指導要領において，重度障害者の指導，自立活動の指導に当たり作成することとされており，<u>小・中学校におけるLD・ADHD・高機能自閉症の児童生徒についても，必要に応じて作成することが望まれる。</u>
>
> （文部科学省，2004）（下線は筆者による）

　平成25年の文部科学省の調査によると，通常学級の中に特別の教育的支援を必要としている児童生徒は6.5％在籍しており，インクルーシブ教育システムの構築が進む中，個別指導計画の作成は通常学級でも求められるものなのです。

　さらに「当該児童生徒の個別の教育支援計画を踏まえて」とありますが，「個別教育支援計画」と「個別指導計画」について少しふれておきたいと思います。

　個別教育支援計画とは，個々の障害のある子どもに対して学校が関係専門機関や保護者等と連携・協力して作成する，入学から卒業後までの長期的な視点

> あしたのために その3

に立った計画です。これに対し個別指導計画は，幼児児童生徒一人ひとりの教育的ニーズに対応して，指導目標や指導内容・方法を盛り込んだきめ細かな指導を行うための計画です。

　通常学級では個別教育支援計画を立案することは難しいかもしれませんが，少なくとも個別指導計画の立案にあたっては学校の中だけで完結するのではなく，保護者はもちろんのこと関係専門機関と連携して，子どもにとってよりよい計画を目指す必要があるでしょう。

2. 個別指導計画の書式と作成

　個別指導計画の書式は，文部科学省でも特に定めていません。それぞれの学校の状況に合わせたものを作成する必要があります。さらに，個別指導計画の目的の1つである，その子どもの指導に関わる教員たちが共通理解を持ちやすいものであること，そして必要以上の労力をかけなくて済むような工夫が必要となります。

　私が以前教頭をしていた発達障害を主対象とした中学校では，図3-1のような書式を用いていました。その当時全校で180名の生徒が在籍していて，すべての生徒の個別指導計画を担任が中心となって作成していましたが，すべての教員が特性のある子どもたちのことを大学で専門的に学んできたわけではなく，かといってベテラン教員にすべてを委ねてしまうと負担が偏りすぎてしまう。またどうしても文章だと教員により捉え方が異なってしまうため，全教員がいかにして共通理解を持つかがポイントでした。そこで，それまで作成した個別指導計画から長期目標と短期目標に挙げたものを分野別に分け，類型的に表にまとめたものを基準として個別指導計画を作成するようにしました（表3-1）。個別指導計画（図3-1）の長期目標の上にある「F3-5」や「B3-6」が表中の位置を示していて，作成者の目標設定の意図が表を見れば明らかになり，表にまとめることで新任者や経験の浅い教員も作成の手がかりを得ることができると同時に，教員同士の共通理解の助けになるようになっています。もちろん子どもはいろいろな子どもがいますから，その表中にはない長期目標や短期目標が必要となることもあり，その都度その表に項目が追加されることになり

個別指導計画と学習指導計画の作成

生徒氏名：*****

[WISC-IVによる特性]

[指導方針]

		短期目標	支援の手立て/チェック方法	配慮事項等	取り組み					評価					総評	
	長期目標				5	6	7	8	9	5	6	7	8	9	取り組み	評価
前期	F3-5 集団の中での行動	友だちにちょっかいを出さない。	1日3枚「警告カード」を持ち、相手からの訴えを含め、どちらかをしていたらカードを取る。	A君とよくちょっかいを出しあうので両者とも同じ目標。												
	B3-6 発言のルール	人が話しているときは終わるまで待てる。	人が話していることを指導。割り込もうとしたら「おさめ手」をして待つことを合図する。													
	D5-1 得意分野の向上	学年相応の課題に取り組む。	**を使って学習する。													

[行動観察所見]

[備　考]

図3-1　個別指導計画の書式の例

> あしたのために その3

表3-1 個別指導計画類型表（抜粋）

領域	大項目（長期目標）		小項目（短期目標）
A. 生活管理 自己管理	1. 身だしなみ		衣服の前後, シャツの裾…
	2. 清潔		洗顔, 入浴, 洗髪, 歯磨き…
	3. 時間		起床, 就寝, 遅刻…
	4. 整理整頓		下駄箱, ロッカー, 持ち物…
	5. 忘れ物		連絡事項をメモし, 自宅で確認できる, 伝言…
	6. マナー		マナー, 食事の作法…
	7. 生活能力		お金の管理, 買い物…
	8. 遊具（飲食）		ゲーム, 漫画, 菓子…
	9. 健康管理		規則正しい生活サイクルの確立, 自立的な体調管理, 偏食…
B. 学習, 就労態度の形成	1. 授業時間の集中		ぼんやり, 授業妨害…
	2. 着席行動		離席, 姿勢の保持
	3. 発言のルール	1	「質問はありますか」と聞かれるまで発言せずに待つことができる。
		2	授業中に答えるときには, 挙手して指名されてから答える。
		3	間違ったことを言っても, 冷やかしたりけなしたりしない。
		4	いきなり勝手に話題に加わらない。
		5	相手が, 話を聞ける状態かどうかを確認できる。

ます。

　また，この個別指導計画ではその子どもにとって重要度が高い順に目標を書くというルールがありました。このことによりそれぞれの子どもに対し，どの目標達成に力を入れるのかがはっきりし，教員たちの子どもに対する指導に一貫性が生まれました。

　もう異動してからかなり経ちますが，今ではその頃の若手だった教員がさらに改良を加えているようです。

3. 個別指導計画作成の手順

　作成にあたってまず必要となるのは，心理教育アセスメントを行い子どもの情報を集めることです。作成するにあたっては，担任が一人で考えるものではなく，校内委員会で特別支援教育コーディネーターを中心に長期目標や短期目標の設定について協議しながら作成する必要があります。

　また，特性のある子どもの目標を決める際にやりがちなことは，苦手な部分，できない部分ばかりに目が行き，「できないことをできるようにする」ような目標ばかりになってしまうことです。誰でもそうですが，苦手な部分の練習ばかりでは意欲的に取り組むことが難しくなります。このため，目標の中には「強い部分をより強くする」といった目標も必ず入れるようにしたいものです。

　個別指導計画は冒頭で述べたとおり，きめ細かな指導を行うための計画です。

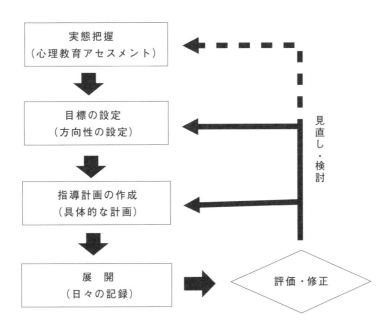

図3-2　個別指導計画作成の手順

あくまで「計画」ですので，思うように進まないことや見立てが間違っていることもあり得ます。また，子どもは日々成長しますので，年度当初に計画を立ててそれを1年間通すことには無理があります。学期の終わり等に子どもの目標に対する取り組み状況を振り返るとともに，目標の達成状況を確認して計画を練り直す必要があります。このときに，ただ単に目標を達成できているから計画からはずす，達成できていないからそのまま計画に残すということは避けましょう。例えば，あいさつができるようになるという目標を掲げて，毎朝職員室にあいさつに来ることになっていた子どもが何も言わずとも自らあいさつに来ることができるようになった場合には，目標は達成できているので個別指導計画の目標からはずすことは問題ありませんが，その日を境にあいさつをやめさせるのではなく，良い行動として継続させるようにするということです。また，目標が達成できていない場合には，もしかしたら与えた目標が子どもにとっては高度なものであったかもしれません。こうしたことを考慮に入れ，目標を細分化して，新しい形で取り組ませるように工夫する必要があります。例えば「ロッカーを整理整頓する」という目標を達成できなかった子どもに，達成できなかった原因を考えることもなしに再度取り組ませるのは感心できません。もしかしたら「整理整頓」という目標がその子どもにとっては抽象的過ぎて実行に移すことが難しかったのかもしれません。こういう場合には，「ファイルはロッカーに色別に入れる」，「体育館履きはシューズ袋に入れてからロッカーに入れる」のように，目標を具体化・細分化して取り組ませるように変えてみる必要があるでしょう。

4. 学習指導計画の作成

発達に特性のある子どもは，集団の中で周囲との人間関係を上手に構築することができずにトラブルを起こしてしまうことが少なくありません。すると，どうしても行動面にばかり注意が向いてしまいがちですが，実はそれと同時に学習上の問題点を抱えている子どもも多く，この2つの要因があいまって学校生活や学習に対する意欲が低下し，不登校等の二次的問題を引き起こしてしまうことが少なからずあります。インクルーシブ教育システムの構築といった観

点から考えると，個の教育的ニーズに応じた支援は通常学級の「授業」の中でも求められるものとなっています。では，特性のある子どもに対する学習指導計画はどのように立案されればいいのでしょうか。

まず，心理教育アセスメントにより得られた情報により，学習面でのつまずきを明確にした上で，個々に合った目標を設定します。このときに注意したいのが，複数の目標を設定したり，高過ぎる目標を設定しないようにすることです。

例えば，九九をすべて言えるようになるという目標を設定する場合には，一の段から九の段まで通しで練習させることはしないでしょう。一の段，二の段，三の段…というように少しずつ積み上げていくのが普通です。これと同様に，少しずつ成功体験ができるように，そして次への意欲を高められるようにスモールステップで目標に向かえるように工夫や配慮をする必要があります。また，目標を達成できていることを確認できるようなもの，例えばシールやスタンプといったもので子どもにわかりやすく提示することで，取り組みもよくなるでしょう。

さらに，学級の中での授業については，個別的な指導と学級の中で行う配慮がリンクするように計画を立てます。例えば，算数の文章題が苦手な子どもには，個別には問題の大事なところに下線を引かせ，学級全体の指導の中では，絵や図で出題する。板書を写すのが苦手な子どもには，個別には声かけをして進捗状況を確認し，学級全体の指導の中では板書を写させるだけではなく，ワークシートを活用する等，一連の流れの中で周囲の子どもと同じようにできたという達成感を持たせ，意欲の向上につなげることを大切に学習指導計画を立案することが重要です。

[引用・参考文献]
文部科学省 (2004)「小・中学校におけるLD (学習障害)，ADHD (注意欠陥／多動性障害)，高機能自閉症の児童生徒への教育支援体制の整備のためのガイドライン (試案)」

学習のつまずきと支援

あしたのために その 4

岩澤　一美

1. 学習のつまずきはなぜ起こるのか

　人間は学習をするときに，目から，ないしは耳から，その情報を得ます。この情報を得る力が極端に弱い，あるいはバランスが悪いと，いわゆる「苦手」，「できない」，「わからない」ことが起きます。

　心理教育アセスメントのところでふれたWISC-Ⅳの4つの指標間のグラフが図4-1の【A】のようなケースでは，授業中に先生の話を聞いたときには理解したと思ったのに，翌日にはわからなくなってしまっているということがあります。

　これは，言語理解と知覚推理が耳から入る情報の処理と目から入る情報の処理の違いはありますが，両方とも新しい情報を取り入れる力なのに対し，ワー

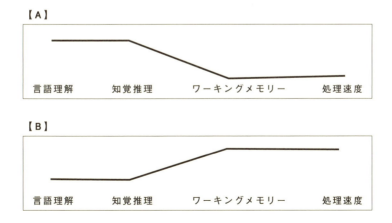

図4-1　WISC-Ⅳの4つの指標間のグラフ

あしたのために　その4

キングメモリーと処理速度が，これも同様な違いがありますが，両方とも入ってきた情報を定着させる力で，このタイプの子どもは新しい情報を取り入れることは得意だけれども，それを定着させることが苦手で，学習が定着しない傾向にあります。

また，図4-1の【B】のような逆のパターンの子どもは，授業がところどころしか理解できず，結局定着しません。

この【B】のタイプの子どもは，新しい情報を取り入れる入口が狭いため，入口のサイズに合った情報量であればしっかりと受け止めて定着させることができるのですが，学年が進んで降ってくる情報の量が増えると，受け止めることができる情報の量よりもこぼれ落ちる情報の量の方が多くなってしまい，学習についていけないということが起きます。

このように，学習のつまずきには必ず理由や原因が存在します。2013年にアメリカ精神医学会がDSM-5を発表しました。発達障害に関するさまざまな変更が含まれていましたが，特に大きいと私が感じているのが「障害」に対する考え方の変化です。例えば，学習障害のLD（Learning Disability）は特異的学習障害（Specific Learning Disorder：SLD）に変更になりました。それまでは「能力がない」（disability）とされていたものが「順調ではない」（disorder）になったのです。能力がなければどんなことをしようが身につかないけれども，順調ではないのであれば，すべてがすべて身につくわけではないもののいずれは身につくことがあるということなのです。

ですので，学習のつまずきは「特性だから仕方がない」，「能力の問題だ」ではなく，どうしたらできるようになるのか，わかるのかを試行錯誤しながら探っていく必要があるのです。

2. 意識を変える

学習に対して強い苦手意識がある子どもは，問題に取り組む前から「ムリ！」とあきらめてしまったり，のらりくらりと言い訳を繰り返してなかなか取り組もうとしなかったりすることがよくあります。周囲の大人はこの様子を見て「やる気がないからできないんだ」という判断をしてしまいますが，果たしてそう

なのでしょうか。

　最近では幼稚園や保育園でもひらがなやカタカナ，数の数え方を教えています。私が顧問をしている幼児教室でも同様な指導を行っていますが，子どもの様子を見ていると，嫌がって暴れたり，取り組もうとしない子どもはほとんどいません。できないことはあっても，みんな子どもなりの真剣さをもって問題に取り組んでいます。

　このように最初から学習に対して強い苦手意識を持っているわけではなく，学習が進むうちにできないことやわからないことが増えてきて，そこに「苦手意識」が出てきます。それに対して周囲の大人たちの不適切な働きかけにより子どもが精神的に追い込まれて，客観的に自分自身を見ることができなくなり

図4-2　苦手意識がうまれる経緯

あしたのために その4

低すぎる自己評価や高すぎる自己評価を持つようになり，結果学習に取り組むことを嫌がるようになります（図4-2）。

　自己評価は低すぎてもいけませんし，高すぎてもいけません。少しだけ高い自己評価を持つことで，プライドを持つことができると同時に学習に対して前向きな気持ちを持つことができるようになります。

　では，子どもに少しだけ高い自己評価を持たせるためにはどうしたらいいのでしょうか。

　現在中学校の校長先生をしている私の大学時代の友人が，まだ部活動の顧問をしていた頃，こんな話をしてくれたことがあります。その友人は高校時代ハンドボールでインターハイに出場した実績を持っていて，顧問をしたのも当然ハンドボール部でした。顧問になった当初は，子どもたちのできない部分が気になってつい叱責することが多く，県大会でいいところまでは勝ち進むものの，あと一歩のところで全国大会には出場できない年が続きました。どうしてだろうと考える日々だったらしいのですが，あるとき子どもたちが自分の声におびえてプレーしているのに気がついたそうです。そこで彼は練習や試合のときに一切否定的なことを言うのをやめて，子どもたちのプレーをほめることに終始したそうです。そうしたところ，子どもたちが自分で考えてプレーするようになり，その年に念願の全国大会出場を果たしたそうです。

　学習についても同じことが言えます。できないところ，理解できていないところばかりを指摘したり，叱ったりしていては，子どもたちにとって学習は「嫌な時間」になってしまい，意欲を持って取り組むことはできなくなってしまいます。できている部分，理解できている部分に目を向けてほめる，このことの繰り返しにより，少しだけ高い自己評価を持つことができるようになり，できないこと，理解できないことにも積極的に取り組めるようになるのです。

3．学習の苦手への支援にとって必要なこと

　苦手なことに対し前向きに取り組ませるためには，少し高い自己評価を身につけさせると述べましたが，指導する側も指導に対する意識を変える必要があります。

「他の子どもたちと同じでなければならない」，「このマス目からはみ出さないように書かなければならない」などのような「〜でなければならない」といった発想をまず捨てることが，学習に苦手意識を抱える子どもたちの支援では必要になってきます。そしてこの意識のもと，「苦手」となってしまっている原因や理由を探り，その子どもにあった「苦手」を乗り越える方法を探すことが大切なのです。

すなわち，横並びで他の子どもたちと同じ目標を達成することが良いのではなく，その子どもの持っている力や特性に応じた目標を設定し，その目標を達成することで，自己有能感を少しずつでいいから植え付け，「やればできる」という気持ちを持って，次の目標やほかの目標に意欲的に取り組むことができることが，学習の苦手への支援にとって必要なのです。

4. 読むことや書くことが苦手な子どもへの支援

学校生活においては，教科書を読んだり板書を写したりということはごく当たり前に行われることですが，読むことや書くことが苦手な子どもにとっては苦痛以外の何ものでもありません。さらに，字を書く，教科書を読むということはほとんどの教科や科目で行われることですので，学習全般の遅れに大きく影響してきます。

こうした子どもたちからよく言われることは，字の見えにくさです。学年が進んでくると，教科書の文字も小さくなってきますし，漢字の練習帳のマス目も小さくなってきます。このことは読み書きが苦手な子どもにとっては，苦痛の1つになっているのです。

以前相談のあったケースで，「夏休みの宿題に全く手をつけようとしない」というものがありました。もともと学力はありましたが，字を書くことを極端に嫌っているようなところがあり，本を読むのもあまり好きではありませんでした。宿題についてお母さんに聞いてみると，A4サイズの冊子になっていて先生がワープロで作成したものとのことでしたので，お母さんにその宿題を拡大コピーしてA3サイズにしたものをやらせてみるように答えました。すると翌日お母さんから電話があり，見るのも嫌がっていた宿題をやり始めたという

あしたのために　その4

のです。この子どもの場合は宿題そのものが嫌だったわけではなく，小さい字が嫌だったということになります。

　次に，特に書くことが苦手な子どもに対して，どこまでを求めるのかという問題があります。小学校では書字に対し，筆順，トメ，ハネ等と細かい部分まで求められます。しかしながら書くことが苦手な子どもは，特に漢字の場合，「形」として覚えていることが多く，トメやハネなどの細部までは覚えていなかったり，ましてや筆順においては「自己流」であることがほとんどです。こうした子どもに細部まで求めると，最終的には字を書くことを放棄してしまうことが多くあります。このことから，書くことが苦手な子どもに対しては，細かいことは要求せずに，「形」が合っていれば認めることが重要です。

　そして，この観点に立って教材を作成する際には，目に優しいフォント選びと文字の大きさに配慮する必要があります。

　下の字を比較してみてください。これらはすべて同じ大きさの文字を使っていますが，一番下にある丸ゴシックが1番大きく見えると思います。トメ，ハネ等にこだわるのであれば，教材には教科書体を用いるべきだと思うのですが，その点にこだわらずに子どもたちの見やすさを優先する場合には，丸ゴシックが適しています。また，文字の大きさについてですが，基本は10.5ポイントとか11ポイントだと思いますが，14ポイントぐらいの大きさが子どもにとっては見やすいようです（図4-3）。

多様性のある子どもたちの明日のために（教科書体）
多様性のある子どもたちの明日のために（明朝）
多様性のある子どもたちの明日のために（ゴシック）
多様性のある子どもたちの明日のために（丸ゴシック）

図4-3　見やすいフォントと文字サイズ

　また，読めない字や意味の分からない言葉を調べる定番は辞書ですが，通常の国語辞典や漢和辞典の文字は，読むことや書くことが苦手な子どもにとっては字が小さすぎてとても探しにくいものです。今は電子辞書という優れた機能を持つ機器があります。探すことに時間をかけるより，覚えることに時間をか

ける方が効果的であるのは言うまでもありませんし，私の経験上，電子辞書を使って字を調べさせた方が子どもたちは楽しそうに言葉調べに取り組みます。

さらに，「書く」ということについては，ICT機器の発達により大きな転換期を迎えていると言っても過言ではないと思います。現にこの原稿も手書きではなく，ワープロソフトを使っていて，たとえ書けなくともPCが漢字の候補を挙げてくれて，私はそれを選んでいるだけです。近い将来字を書くということはなくなり，正しい字を選ぶだけという時代が来ます。このことから，今後は字を書くことにこだわるのではなく，正しい字を選べるようにすることが重要になってくるでしょう。

5. 算数の苦手な子どもへの支援

小学校に入学して算数を習い始めたあたりでは特に問題がなかったのに，足し算に繰り上がり，引き算に繰り下がりが出てきた辺りから理解に時間がかかるようになり，九九はなんとか覚えたものの，3年生になったら授業についていけなくなったという話をよく聞きます。こうしたとき，保護者は授業についていけるようにと，家庭学習に力を入れたり，塾に通わせたり必死になりますが，子どもは算数が嫌いになり，最悪の場合は不登校になってしまうこともあります。

こうした事態を防ぐためには，まずどの部分でつまずいているのかを見極め，そのところまで戻る勇気を保護者が持つことが必要です。学校の授業はドンドン進んでいるのに…と不安になる気持ちは分かりますが，中途半端に知識だけを押し込んでも結局は算数が嫌になるだけで，何も前に進まないということになります。簡単な計算も筆算でできるのなら暗算ができなくてもいい，計算ができないのであれば電卓の使い方を教える等，つまずいているところからゆっくりと「わかる」ことを増やしていき，最終的な目標を生活に困らないレベルの算数を理解することにおきましょう。

行動上のつまずきと支援

あしたのために その **5**

阿部　利彦

1. 人の行動には意味がある

　当たり前のことですが，我々の行動にはすべて意味があります。問題行動と呼ばれる行動にももちろん意味があり，またその問題行動が改善されないこと，あるいは維持されることにも意味があります。

　例えば，掃除の時間にクラスメイトたちを叩いて逃げる，という行動を繰り返す子どもがいます。学校では「掃除の大切さを伝える」，「皆で協力することの必要性を訴える」，あるいは単に「そんなことをしてはいけません」と注意するという対応がよくみられるようです。しかし，その子どもの行動が一向に変わらないとしたら，それはなぜでしょうか？

　「どうやったらその行動をやめさせられるか」と検討するとき，我々は「なぜ叩くのだろう」と考えます。この「なぜ」についてですが，それをその子どもの生い立ちや障害特性によるものとして考えるのではなく，本章では「その行動によってその子どもにどのようなメリットがあるのだろう」と考えてみたいと思います。つまり「なぜ」をその子どもの中に見つけるのではなく，その子どもと周囲の環境との関係性で見てみたいと思うのです。

　さて，クラスメイトを叩くことでその子どもにどのようなメリットがあるのでしょうか？　叩くと気持ちいいのかも知れません。叩くことで感覚的な刺激を得ることができます。あるいは，叩いた友だちが怒って追いかけてくるのがいいのでしょうか。叩かれた相手は不愉快でも，叩いた子どもにとっては自分に注目が集まり，追いかけっこ状態になるのが楽しいのかも知れません。このとき，その子どもは「注目」と「楽しさ」を得ることができます。おまけにこのトラブルによって結果的に掃除の役割を果たさなくてすむ，つまりやりたくない掃除当番を回避することもできるわけです。感覚的な刺激が得られ，注目

を集めることができ，楽しくて，しかも嫌な掃除もしなくてすむ，これほどさまざまなメリットがあるとしたら，その子どもは先ほど述べたような指導では変わらないでしょう。

このように，「ある問題行動を維持させている何か」があると考えてみることで，その子どもの行動の意味が見えてくることがあります（図5-1，図5-2）。

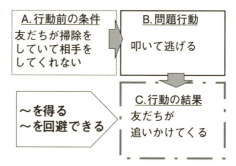

図5-1 問題行動には意味がある

図5-2 「清掃活動中に友だちを叩いて逃げる」を整理する

2. 行動を整理する視点

子どもの行動を整理するためには，行動の前後に着目することです。つまり，A「こんなときに」→B「こうしたら」→C「こうなった」という形で整理します。

ここでおさえるべきは図5-3のAの部分です。このAを「先行条件」と呼びます。私たちは，行動の結果であるCに着目しがちですが，このAに視点を移すことで支援の手がかりが見えてきます。

「授業中勝手に席を離れる子ども」を例に考えてみましょう。この場合，Aが「先生の指示が複雑でわかりにくい」あるいは「嫌いな課題，苦手な課題が提示されたとき」とすると，Cは「離席によって苦手な課題を回避することができる」となります（図5-4）。

図5-3 行動を整理する「A・B・C」

この場合，Bに介入して「離席しないように注意する」ということはせず，A「指示や課題」に着目します。そして「指示をわかりやすく具体的にする」，「これならできそうだ，やってみたい，と思うような課題を提示する」というように対応を変えます。つまり，Bに働きかけることなくAを変えることによってCの行動を変えていく，という方法をとるのです。

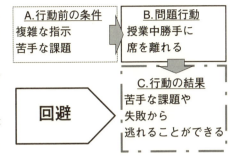

図5-4 「授業中，勝手に席を離れる」を整理する

3.「問題行動を減らす」でなく「適切な行動を増やす」という発想へ

　指示の明確化や意欲的に取り組みやすい課題の提示は，離席をさせないということではなく，自主的に学習に取り組める時間を増やすという発想です。「××をさせない」のではなく「〇〇ができるようにする」という考え方です。このように，「適切な行動を増やすこと」に重点を置いて指導目標などを設定するようにするとよいでしょう。

　では，複雑な指示や苦手な課題があると勝手に離席してしまう子どもの支援方法には他にどのようなものが挙げられるでしょうか？　例えば，①活動の目標（ゴール）を示す，②活動の流れを視覚的に示す，③課題を小さなステップに刻む，などの工夫が挙げられます。これらの工夫によって意欲的に学習している場面が増えたなら，そのことをほめ，認め，さらに適切な行動を増やしていきます。

　ほめ方には，①適切な行動が見られたときにほめる，②問題行動が少ないときにほめる，③問題行動が一定時間見られないときにほめる，という方法があります。

　とくに①は，減らしたい行動と対立する（同時に生起することが不可能である）行動を，ほめることによって増やすという方法です。「立ち歩く」と「着席する」は同時にできません。ですから，着席して学習している場面でほめる

あしたのために　その5

ことで離席をなくせるわけです。

4. 叱ることが問題行動を増やすこともある

さて，子どもどもというのは無意識にも，大人の注目を集めるための行動をとる場合があります。叱られてでもいいから関わってほしい，ということです。下記の「授業中騒ぐ」という事例では，行動の結果，先生の注目を引くことができます（図5-5）。先ほど述べた，清掃場面でクラスメイトを叩くという事例では，クラスメイトの注目を引くことに成功しています。このように，注目を獲得するための行動を「注目関心行動」と呼びます。

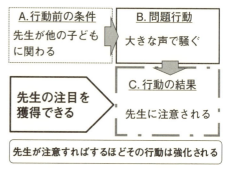

図5-5　「授業中騒ぐ」を整理する

さて，この注目関心行動については，「その問題行動を無視する」ことが有効であるとよく言われています。しかしながら，その問題行動を無視するだけでは適切な行動を増やすことはできません。「騒ぐ」と対立する行動である「静かに取り組む」という行動をほめ，増やすことが不可欠です。問題行動から注目を取り去ることと，適切な行動に対して注目を与えることはセットで行われなければなりません。

5. タイムアウトの難しさ

「タイムアウト」とは，子どもがその場にふさわしくない行動をとった場合，一定時間その活動に参加させず，しばらく何もしない状態で心を落ち着かせ，考えを整理させることです。

この方法はアメリカの家庭では幼児期から日常的に行われており，アメリカ式子育てに根付いています。一方，日本ではタイムアウトはほとんど浸透していないので，子どもはもちろん大人にとっても馴染みのないやり方かも知れま

せん。

　さて，先ほどの「授業中騒ぐ子ども」の事例で，タイムアウトによって反省を促すという方法をとったらどうなるでしょうか。昔で言う「廊下に立って反省しなさい」という感じでしょうか？

　この場合「先生の指示が複雑でわかりにくい」あるいは「嫌いな課題，苦手な課題が提示された」ために「離席によって苦手な課題を回避することができる」という流れですから，タイムアウトによってさらに苦手な課題をやらなくてすむということになります。つまり，タイムアウトは「苦手な課題からの回避」をさらに深めてしまいます。その結果，離席するとタイムアウトしてもらえる，というパターンが作られます。タイムアウトで反省するどころか，子どもの問題行動が強化されてしまう可能性があるのです。

　補足ですが，実際のタイムアウトは，「廊下に立っていなさい！」の罰とは明らかに違うものです。タイムアウトは，どちらかというとクールダウンに近いもので，その場から離れて冷静になることを目的としたものです。さらに言うと，その子どもが参加したい活動に対してでないとタイムアウトは効果がないのです。

A. 行動前の条件 複雑な指示 苦手な課題	B. 問題行動 授業中勝手に 席を離れる
C. 行動の結果 苦手な課題や 失敗から 逃げることができる	先生の対応 タイムアウト させる

図5-6　タイムアウトによる離席が強化される

6. 罰的な指導をしなくても行動は変えられる

　問題行動があると，私たちはつい叱ってその行動をやめさせようとします。しかし，叱ってもその場で行動を一時的にやめさせることはできるかも知れませんが，行動自体を変えることにはつながりません。

　ほめ，認めながら適切な行動を増やすことを「強化」といい，叱ったり，何かを取り上げたりすることなどを「罰」といいます。

　指導では，うまくアメ（強化）とムチ（罰）を使い分けるとよい，とよく言

あしたのために その5

われます。まるで「北風（罰）と太陽（強化）」のようです。一方，本章でこれまで述べてきたことは「太陽（強化）と曇（強化なし）」のようであると捉えることができるのではないでしょうか。私は，指導に罰は必要ないと考えています。

その子どもの不適切な行動を変えるためには，①その子どもを変える前に環境を調整する，②問題行動が生じていない状況をうまく活用する，③その子どもの得意なことを活用する，④その子どもの興味・関心を活用する，⑤スモールステップで適切な行動を増やす，の5点がポイントになります（図5-7）。

- 環境を調整する
- 問題行動が生じていない状況を活用する
- その子どもの得意なことを活用する
- その子どもの興味・関心を活用する
- スモールステップで適切な行動を増やす

図5-7　行動を変える5つの視点

7. 大人の行動も強化されている？

勉強が得意な子どもに教えると，すぐに理解して問題を解くことができるようになります。すると，教えた大人はうれしく，手ごたえを感じます。大人は教えてよかったなという気持ちになり，その行動は強化されます。

しかし一方で，学習につまずきがある子どもに教える際はどうでしょう。時間がかかり，手間がかかり，教えがいがない，と感じられることが多いかもしれません。するとその行動は強化されません。したがって，先生も，成績上位の子どもとの関わりが強化され，学びにつまずきがある子どもとの関わりは薄くなりがちになってしまいます。授業中も，先生の期待する答えを言ってくれるような子どもたちとの関わりが主になって進んでいくという場面が想像できるのではないでしょうか。

指導に時間がかかり，手間がかかる，教材教具に工夫が必要である，そんな子どもたちとの関わりを楽しむことができる先生に出会うことがあります。本

当にすばらしいと思います。見方を変えて，むしろ彼ら彼女たちの方が教えがいがある子どもたちだと思ってくださる先生がさらに増えてくれることを願っています。

[引用・参考文献]
阿部利彦（編著）（2009）『クラスで気になる子の支援　ズバっと解決ファイル——達人と学ぶ！　特別支援教育・教育相談のワザ』（金子書房）
阿部利彦（編著）（2012）『クラスで気になる子の支援　ズバっと解決ファイル　NEXT LEVEL——達人と学ぶ！　特別支援教育・教育相談のコツ』（金子書房）

運動面での支援

あしたのために その6

阿部　利彦

1. 運動が苦手な子どもの特徴

　運動が苦手な子どもの特徴について考えてみると，授業中の気になる行動との関連が見えてきます。例えば，授業中いつも体が動いている，姿勢が崩れやすい，机に伏せてしまう，などの「姿勢保持」の課題との関連です。発達に課題がある子どもには，しばしばこの姿勢保持の困難さが見られます。

　姿勢が悪いと「だらしない」という評価を受けるので，体育の場面で指示通りに動けないのは「だらしないせいだ」，「不真面目だからだ」とみなされてしまうことがあります。しかし，「ちゃんとしなさい」，「背筋をピンと伸ばしなさい」と度々注意しても数分経つと崩れてしまうような子どもの場合，うまく物が扱えない，注意を必要な場所に向けられない，力のコントロールがうまくできない，などの課題を同時に併せ持っていることが多いのです。

　また，そういう子どもたちの中には，「ボディーイメージ」が未熟な子どもが多く見受けられます。自分の体の大きさを正確にイメージして動くことが難しいのです。例えば下校前にランドセルをロッカーへ取りに行くとき，他の子どもとうまくすれちがえずに相手の足を踏んでしまう，クラスメイトの机上の物をひっかけて落としてしまう，ランドセルがぶつかってしまう，といった場面を見かけることはありませんか。

　そして，そのような子どもは，物を持った際の他者との距離の取り方についてのイメージも難しい可能性があります。例えば，掃除の時間にほうきを振り回していたら，うっかり他の子どもに当たってしまったり，体育の場面で「となりの人とぶつからないように広がって」と指示されても，近寄り過ぎたり，離れ過ぎてしまったりします。このように，ボディーイメージがうまくできていないと，体育の苦手さや他児とのトラブルの原因になってしまうのです。

> あしたのために　その6

　さらに，他の視点で捉えてみますと，例えば列を作って並ぶ場面で前後の友だちを押して間隔を大きく空けようとしたり，妙に隣の子どもと離れたがったりするような場合，その子どもに「パーソナルスペース」の課題があるのかも知れません。パーソナルスペースとは，他者が自分に近づくことを許せる自分の周囲の空間のことで「心理的縄張り」と言うことができます。他児よりも広いパーソナルスペースを必要とする子どもは，集団活動のさまざまな場面で浮いてしまいます。

　この課題に影響するのが，さまざまな感覚過敏です。感覚過敏には，触覚過敏・聴覚過敏・味覚過敏などがあり，これらは気持ちの問題などではなく，実際に本人にはその感覚が過剰に感じられています。ですから，感覚が過敏であるがゆえにいたたまれず，他者との距離をとても広くとろうとすることがあるのです。この場合は，触覚防衛反応の表れとも言えるでしょう。

　さてこれらを整理すると，①姿勢保持困難，②ボディーイメージの未熟さ，③パーソナルスペースの課題（離れ過ぎる，近寄り過ぎる），④感覚過敏，となります。日常場面でこのような課題があると，体育の授業でも，正しいポーズをする，うまく体を使う，仲間に合わせるといったことが難しくなってしまうのです。

　一見「だらしない」，「いい加減」，「なまけ」と見られがちなこれらの課題は，体育系の指導でありがちな「我慢」，「慣れ」，「根性」などで克服できるものでは到底ありません。しかし，その子どもに合った指導によって改善できるものもあるでしょう。

2．運動面のアセスメント

　発達が気になる子どもをアセスメントする際の着目には，体育に関連した項目もあります。例えば，「目をつぶった状態で片足立ちをさせてみる」というものです。体育の場面では，一輪車やなわとびなどがうまくできずに困るケースがよくあります。バランスを取る，ということに課題がある子どもも多いので，サーキットトレーニングなどを実施してその力を育てていく訓練も有効になってきます。

こんな方法もあります。大人があるポーズをとり，数秒間子どもに見せた後，目をつぶらせ，その間に大人がポーズの一部を変えます。目をつぶる前と後でどこか変わったかを子どもに当てさせるというものです。そんなこと簡単だろう，と思われる方も多いかもしれませんが，国語や算数はよくできるのに，人を見て行動を模倣したり，注意深く人を観察したりが上手くできない子どももいるのです。こういう子どもたちは，先生や友だちのお手本を見ても「どこに着目したらいいかわからない」，「どう真似したらいいかわからない」ために，自己流の動きが修正できないわけです。
　言語指示を聞いて体を動かす，というチェック方法もあります。例えば「自分の右手で左耳をさわって」，「左手をあげたまま，右ひざを前に出して片足立ちして」などと言われてそのポーズがとれるか，というものです。
　また，先ほど感覚過敏について触れましたが，感覚の課題を調べるには，2点識別覚をチェックする方法があります。目をつぶってもらい，その子どもの体の2つのポイント（例：左手と右手）に大人が同時に一瞬触れます。その後，「さっきどこをさわったかわかる？」と聞きます。両方答えられるといいのですが，どちらかしか答えられない子どももいるのです。
　他には，子どもに右手をグーにしたまま目をつぶってもらい，大人は子どもの右手を動かしてキツネ（影絵でやるような）の形に変え（キツネでなく他の形でも構いません），子どもは目をつぶったままそれを感じ，左手を同じ形にする，という方法などもあります。
　これらのアセスメントによって，前述したような感覚のさまざまな課題が見つかった場合は，その課題が体を使うことの苦手さにつながっている可能性があります。

3. 固有感覚と前庭感覚

　運動面での支援でまず重要になるのは，子どもたちが「自分の体を知る」，「自分の体の動かし方を知る」ことです。これらを支える感覚，つまり子どもたちが意図的，効率的に動くために必要な感覚には，「固有感覚」と「前庭感覚」の2つがあります。この2つの感覚は普段なかなか意識されにくいものです。

あしたのために その6

　まず，固有感覚（深部感覚とも言われます）ですが，これは，筋肉，腱，関節などで感じるものです。身体がどのように動いているのか，腕，足，指が伸びているのか曲がっているのか，筋肉にどのくらいの力が入っているのかなど，姿勢や運動に関する情報を脳へ伝える役割を果たしています。

　固有感覚は，手足の位置や運動の様子，物の重さなどの情報を脳に伝え，姿勢を保持し，体をスムーズに動かすために機能します。①力のコントロール，②手先の運動，③ボディーイメージなどと関連しており，筋肉の張りがゆるい（筋緊張が低い）場合，固有感覚を感じ取りにくくなると言われています。

　固有感覚をうまく処理できないと，動きがぎこちなくなり，スピードを調整することが難しくなります。手先の微細な動きと全身を使う粗大運動，この両方ともに努力を必要とするので，すぐに疲れることになるのです。また，一度行った運動の再現や修正も難しくなります。

　次に前庭感覚ですが，これは平衡感覚とも言われ，体のバランスを整える機能のことです。そして前庭感覚が機能することにより，さまざまな感覚からの情報が統合されます。ある活動を行う際，さまざまな情報を関連づけて把握することができます。

　前庭感覚は，①筋緊張の調整，②目の運動，③姿勢保持，の機能と関連があります。固有覚（筋肉や腱からの情報伝達）から送られてくる信号をもとに，筋緊張の調整を行ったり，自分の動きを調整したり，自分が動いている方向や進んでいるスピードの把握をしたりする手がかりにしているのです。

　発達が気になる子どもはとくにこの2つの感覚を育てる必要があるわけですが，例えば，表6-1のような活動がそのトレーニングになります。

　最近公園で見かけなくなったものに，回転遊具がありますが，これは前庭感覚を育てるのに大変有効な遊具だったのです。近年では安全に配慮するあまり，子どもたちが遊びを通じて楽しく感覚を体験するチャンスを少なくしてしまっていると言えるでしょう。回転遊具あるいは木登りなどでは，自分の体を支えるためにはどのくらいの力が必要か，どのような動きが必要か，といった体の支持感覚を経験できます。

　体の支持感覚のイメージが弱い子どもが「踏ん張り感」を会得するためには，「力が入っている状態」と「力を抜いた状態」を明確に感じる経験を繰り返す

運動面での支援

表6-1　固有感覚・前庭感覚を育てるトレーニング例

- 四つ這い，高這い，ずり這い，寝返り，つま先歩き，かかと歩きなどさまざまな動き方を経験する
- トランポリンでジャンプする
- マットの間に挟まれる
- ブランコに乗る
- 鉄棒にぶら下がる（固有感覚）
- フラフープをくぐる
- ハードルを跳ぶ／くぐるを交互に行う
- 高いところに登り，跳び下りる
- バランスボールの上でバランスを取る
- 一本脚椅子でバランスを取る

必要があります。また，すばやい動き，ゆっくりした動きに気づくことも重要です。

4．視機能・注意機能

　視機能の問題は，さまざまな調節運動が効率的に行えないことによって起こり，「屈折異常」と「視覚効率の不良」の2つの側面があります。

　「屈折異常」とは，眼を通った光が網膜で像を結ばない状態を指します。網膜の手前で像を結べば「近視」，遠くで結べば「遠視」，角膜や水晶体が楕円状になり焦点の合う場所が複数になる状態を「乱視」といいます。

　「視覚効率の不良」には，「調節」，「両眼視」，「眼球運動」それぞれの困難さが挙げられます。眼は遠くにも近くにも焦点を合わせるために，水晶体の厚みを変化させています。この働きを「調節」といい，生後6か月にはほぼ青年期と同様の機能に高まります。加齢と共にピント合わせが苦手になる状態は「老眼」と言われます。

　「両眼視」の困難さについては，左右の眼からの情報に偏りがあることが原因としてみられる「複視」や，両眼の向きが異なることによる「斜視」，両眼を寄せたり離したりすることがスムーズでない「輻輳不全」が挙げられます。

あしたのために その6

　また，これらが影響し片眼の情報を遮断する処理が継続すると「弱視」となることがあります。

　眼球は，それぞれに6本の筋肉で支えられ動かされる器官です。その筋肉の動きに何らかの問題があると，学習場面での困難に繋がることがあります。眼球運動には，同じ場所を見続ける「固視」，指標を追う「追従性眼球運動」，点から点にジャンプする「衝動性眼球運動」などがあります（表6-2）。

表6-2　眼球運動が弱い場合にあらわれる困難の例

① 眼球運動が弱い場合：球技が苦手，ボールなどをすぐに見つけられない
② 輻輳が弱い場合：遠近感がとりづらい
③ 調節が弱い場合：ときどき物がぼけて見える，見る活動で集中力が持続しない

　私たちは人の動きを追うとき，眼球は上下左右に行ったり来たり，たえず動いています。眼球の動きに何らかの支障があって，対象を滑らかに目で追いかけることができないと，ダンスの練習でお手本になる人の動きを注意深く追い続けることもまた難しくなるのです。

　眼球の動きを上手にジャンプさせるトレーニングとしては，両手の親指を立て若干開いて構え，リズムに乗せて交互に見ることが最も簡単な方法です（視機能のトレーニングについては，10章「通級や支援教室を活用した支援方法」でさらに述べます）。

　お手本になる動きを注意深く捉えるのは視機能だけではありません。注意機能も運動を支える重要な機能です。1章で触れたように注意には「注意の集中」，「注意の維持」，「注意の転換」，「注意の分割」があります。

　まず，お手本となる動きについて，手の動きに注意するのか，足の動きに注意するのか，ポイントを絞って注意を集中させなくてはなりません。

　次に，動きの「流れ」にそって，注意を維持し，相手の動きを追い続けることが必要になります。

　さらに，練習中には，友だちの動きから先生の指示へと注意を切り換えなければならない場面も生じます。もちろん，友だちの動きに合わせるときには，注意を同時に機能させる，つまり注意の分割が必要になります（表6-3）。

表6-3　注意機能を鍛える活動

① トントンスリスリ：片手はグーにして同じ側の片腿をたたき，反対側の手はパーにしてもう片方の腿をさすります。先生の掛け声に従って左右の手を入れ替えます。
② 片手負けじゃんけん：どちらか一方の手が負けるように，先生の掛け声に合わせて，自分の両手でじゃんけんをします。
③ パッとキャッチ：子どもは椅子に座り前を向いて待ち，正面に立った先生が柔らかいぬいぐるみなどを子どもの目線の少し上から落とします。子どもは，落ちてくるぬいぐるみをパッと手でキャッチします。

5. 自分の体とのつき合い方を具体的に教える

　前項のようなアセスメントで課題がみられる子どもは，友だちとトラブルになりやすい，ケガをしやすい，疲れやすいといったことから，学校だけでなくその後の生活でも生きにくさを抱えやすいと言えるでしょう。
　ですから，子どもたちが体育を通じて自分の体について学び，効率的に動いたり，目的を持って動いたり，相手に合わせて動いたりするコツを知るというのは大変有意義なことです。体育の授業にうまく参加できるだけでなく，より安全に生活するための土台作りもできるからです。また，努力することによって自分の体が変わっていくのを実感することもできます。
　その際に大事なことは，動くときのポイントやコツを「具体的に」教えるということです。感覚的な指導に頼らずに，指導を言語化し，視覚化することは，非常に有効な支援となります。子どもたちの動きを撮影し，動画を見ながら自分の動きを先生と一緒に振り返る，という方法も大変役に立つでしょう。
　球技などのチームプレイにおいては，仲間の動きに合わせたり，相手チームの動きを予想したりするうちに，見通しを持って行動したり，相手の立場に立って考え協力したりすることを身につけられます。「勝ち負け」への強すぎるこだわりの軽減にもつなげることができるでしょう。
　そのためには，体育でのコミュニケーションを「できて当たり前のこと」とせず，「スキルとして教える」ことも必要です。応援の仕方，負けたときのリ

> あしたのために その6

アクションの仕方など，ソーシャルスキル指導の発想を取り入れて指導することで，子どもの学びはさらに豊かになるのです。他にも体育については，自己理解，他者理解，協力，自己主張など，ソーシャルスキル指導としての側面が期待できます。

[引用・参考文献]
阿部利彦・清水由・川上康則（編著）（2015）『気になる子もいっしょに　体育ではじめる学級づくり――ソーシャルスキルのつまずきと学級経営に生かす応援プラン109』（学研教育みらい）
阿部利彦（監修）清水由・川上康則・小島哲夫（編著）（2015）『気になる子の体育　つまずき解決BOOK――授業で生かせる実例52』（学研教育みらい）

社会性のつまずきと支援

あしたのために その **7**

岩澤　一美

1. 社会性とは

　人間は生まれてから一生の間にさまざまな人々と関わりを持って生活をします。そして年齢に応じて，幼稚園や保育園，小学校，中学校，高校といった集団のなかで生活し，成長していきます。この集団の中で他人と関わりながら生活する力が社会性です。すなわち，友人を作る，友人や先生と会話する，1つのことを協力して成し遂げるなど，一人では経験することができない，他人との関わりの中で発揮されるのが社会性なのです。

　一昔前までは，社会性は学校に通っていさえすれば自然に誰にでも身につくものとされていました。しかしながら，発達に特性のある子どもはその特性ゆえに社会性を身につけることに困難さを覚えることが多く，そのため集団の中にいるとトラブルメーカーとなってしまい，集団を避けるようにさえなってしまうことが多々あります。子どものうちは，周囲の大人のサポートでその場をやり過ごすことができるかも知れませんが，社会に出るまでの間にある程度の社会性を身につけておかないと，働くことはおろか生活することすら難しくなってしまう可能性があります。

2. 自己紹介を友だち作りに生かす

　学齢期の子どもにとってもっとも基本的な社会性は，「友だちを作る」ということになります。

　特に，学年が変わりクラス替えがあったときや小学校や中学校，高校などに進学したとき，それまであった友だち関係はリセットされることが多く，初めから人間関係を構築する必要が出てきます。そして，最初の友だちを作るタイ

あしたのために その7

ミングを逸してしまい、そのままズルズルと友だちができずにクラスの中で孤立してしまうこともあるでしょう。

こうした事態を防ぐためには、学級開き等で行われることが多い自己紹介が重要なポイントとなります。ただ漫然と、何の準備をさせることもなしに出席番号1番から順に子どもたちに自己紹介をさせるのは、非常に危険です。話をすることが得意な子どもにとっては何でもないことでしょうが、話をすることが苦手な子どもにとっては苦痛以外の何物でもなく、場合によれば名前だけを言って終わりということになりかねず、せっかくの友だちを作る機会を失うことになってしまいます。こうしたことを防ぐために、次のような手順で自己紹介を行うのは1つの方法です。

まず、アイスブレイクとして「あいこであいさつ」というゲームを行います。通常じゃんけんというのは勝ち負けを決めるためのものですが、このゲームでは勝ち負けがついてしまったらすぐに別の相手を探してジャンケンをします。「あいこ」になったら、「○○です。よろしくお願いします。」とあいさつをします。クラスの人数にもよりますが、3～5人と挨拶ができた人から自分の席に座ります。このゲームを行う際の注意点としては、先生はこのゲームに巻き込まれないということです。こういうゲームをやると先生とジャンケンをしたがる子どもがいますが、ほかの子どもとするように促し、先生は輪の中に入れない子どもを見極めると同時に、そうした子どもの支援にあたります。

ゲーム終了後、自己紹介をするための図7-1のようなプリントを配布します。

図7-1　自己紹介のプリント

そのプリントには自己紹介をする項目を書いておきます。例えば，「名前」，「呼んでほしい呼び方」，「好きな食べ物」，「好きなTV番組」，「行ってみたいところ」，「会ってみたい人」などで，その項目数は4つ程度に絞り，小学校の高学年以上の場合にはその理由についても書かせるようにします。当然書くことが苦手な子どももいることがあると思いますから，先生はそうした子どもの手伝いをします。こうしてできあがった自己紹介のための原稿をもとに自己紹介をさせると，話すことが苦手な子どもでもほかの子どもと同じように自己紹介をすることができ，そのことによって共通の話題を共有することがしやすくなり，最初のつまずきを防ぎやすくなります。

3. 周囲の子どもとトラブルを起こす子どもへの接し方

周囲の子どもたちと頻繁にトラブルを起こす子どもの多くは，言い過ぎたりやり過ぎたりした結果，相手を怒らせています。こうしたタイプの子どもは，なぜ相手が怒り出したのかがわかっていないことが多く，頑なに自分の正当性を主張します。こうした子どもに対して一番してはいけないことは，上から目線で言い分も聞かずに指導することです。発達障害の子どもの口癖に「どうせ僕（私）でしょ」というものがあります。これは何かトラブルがあったときに自分の言い分は聞き入れてもらえずに常に叱られることを繰り返され，「結局，自分の言い分は聞き入れてもらえない」，「どうせ悪いのは僕（私）なんでしょ」ということを意味しています。自分は正しいと信じている子どもに対して，それを全否定するような指導を続けていくと，この口癖が示すとおり，自分からは話そうとはしなくなった挙句，大人（教師）不信になり，指導が一切入らなくなります。

こうした子どもへの接し方で最も重要になるのが，トラブルに関しての「振り返り」です。そしてこの「振り返り」に求められるのは，「スピード感」です。「今日は時間がないからあした時間を使って振り返りをしよう」というのはもってのほかで，記憶がなるべく新しいうちに「振り返り」をしないと記憶自体があいまいになってしまうばかりか，事実とは異なる，ゆがんだ記憶になってしまう可能性があります。こうした状態で「振り返り」をしてもまったく意

あしたのために その7

味のないものになってしまいます。このため、できるだけ早いタイミングで「振り返り」をする必要があるのです。

また、「振り返り」を行う場所や先生と子どものポジションにも注意が必要です。まず「振り返り」を行う場所ですが、できるだけほかの子どもたちの目に触れない静かな場所で行う必要があります。興奮した状態で「振り返り」をしても意味がありませんので、こうした静かな場所でまずはクールダウンをさせて、落ち着くのを待ちます。このときには子どもを一人にすることはせずに、黙って静かに見守ることが大切です。そして落ち着いたところで「振り返り」をする訳ですが、そのときには子どもに正対することは避け、「直角」のポジションに座るようにします（図7-2）。

子どもを指導するとき、子どもと正対して座って話すことがあります。こうしたケースでよく見られるのは、先生の顔を見ずにうつむいている子どもに対して「先生の方を見なさい！」と叱っている光景です。先生の方を見なければならないというプレッシャーは相当なもので、その上話すことを強制される訳ですから、言葉が出てこなくなってしまいます。「振り返り」は指導とは異なり、一方的に先生が話をするのではなく、できるだけ子どもの言葉で語らせることが重要です。このため、子どもができるだけリラックスした状況で、プレッ

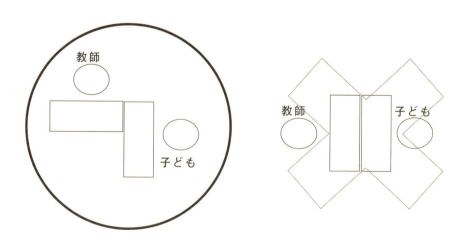

図7-2　「振り返り」をするときの席の座り方

シャーを受けることがなく，かつ先生を見たいときだけ見ることができるという選択肢が与えられるように，先生が直角の位置に座る必要があります。

　こうした準備の下，「振り返り」をするのですが，ここで気をつけたいのが話の聴き方です。あくまで子どもの言葉で話をさせ，決して話の腰を折ることなく，共感的に最後まで聴くことが「振り返り」をする上で重要になります。言葉が出てこないからといって，先生が代弁してしまうとそれは真の「振り返り」ではなく，子どもも考えることを止めてしまいます。時間もかかり根気を要することですが，粘り強く最後まで聴いていくことで，子どもの「あのとき，○○したから××になったんだ」という「気づき」を引き出すことができます。この「気づき」に到達できた子どもは，その場面場面で取るべき適切な行動の定着が早くなります。しかしながら，すべての子どもが「振り返り」で「気づき」に到達できる訳ではなく，むしろ到達できない子どもの方が多いでしょう。「振り返り」によって「気づき」に到達できなくとも，すべてを話し終わった子どもは言わば「乾いたスポンジ」です。「乾いたスポンジ」に水をたらしても，下から水が漏れることはありません。これと同じで，すべてを話し終わった子どもは，先生からの「さっき，○○のとき××って言ってたけど，△△できないかな？」という指摘を素直に受け入れることができるのです。上から目線で教え込まれたことはなかなか定着しません。子どもの言い分に耳を傾け，「気づき」を引き出すことが大切なのです。

　このように適切な「振り返り」をすることで，そのとき取るべきであった言動を理解することができます。このことはその子どもの行動の「引き出し」を増やすことにつながり，同じような場面で未然にトラブルを回避することができるようになるのです。

　また，行動の「引き出し」を増やすためのもう1つの方法は，ある場面を絵や写真で見せ，そうしたときにどうしたら良いかを考えさせ，ロールプレイを用いて，実際の場面を想定しながら演じさせるというものです。プロ野球の選手はいきなり公式戦に出場することはしません。自主トレーニングに始まり，キャンプ，オープン戦を経てようやく公式戦に臨みます。こうした段階を追っていく第一の目的は，ケガをしないように体を作るということにあります。子どもも同じで，いきなり実生活でトラブルを抱えると，心に「ケガ」をしてし

まいます。そこで，想定される場面をあらかじめ練習しておき，心の「ケガ」を防ぐようにしていきます。

　いずれの場合にも，行動の「引き出し」を増やした結果，未然にトラブルを防ぐことができた場合には，子どもに肯定的注目（ほめる，微笑む等）を与え，自己肯定感を高め，同じような場面で再現できるように導くことが重要です。

4. コミュニケーションをとることが苦手な子どもへの支援

　発達に特性がある子どもの苦手の中に，人とコミュニケーションをとることがあります。コミュニケーションとは日本語で言い換えれば，「会話」とか「対話」ということになりますが，これは「会って話す」，「対面して話す」ということを意味しています。すなわちコミュニケーションが苦手ということは，「人と会う」，「人と対面する」ことが苦手ということと「話す」ことが苦手というように大きく2つに分けることができます。

　まず「人と会う」，「人と対面する」することが苦手なことについてですが，これは単に人見知りと言うことではなく，「話す」ことなくコミュニケーションをとる力，すなわち非言語コミュニケーションの力が弱いないしはスキルが身についていないということになります。言い換えれば，その場の空気を読んだり，相手の表情からその気持ちを推し量ったりすることが苦手であるということです。こうした苦手がある子どもは，小学校の低学年のようにストレートな言葉のやり取りは理解できるのですが，学年が上がるにつれ，相手の表情からその気持ちを理解できず，持って回った婉曲的な言い回しや比喩的な表現も苦手で，トラブルになってしまうことが多くあります。なぜこうしたことが苦手になるかというと，一番の原因は「相手の気持ち」や「場の雰囲気」というものが目に見えないことにあります。よく小学校等でクラスの目標として「相手の気持ちになろう」的なものを見かけますが，これはおそろしく難しい目標です。なぜならば，目に見えないものを何の方策もなしに達成しようとしているからです。こうした子どもに「相手の気持ちを考えなさい」，「こういうときにはそういうことを言ってはダメ」といった指導には何の説得力もありません。私たちは人の気持ちを完全に理解することはできませんが，推測することはで

きます。それは，相手の姿勢や動き，顔全体の表情，目の表情・視線・アイコンタクト，沈黙，声の強弱・抑揚・トーン・速さ，間の取り方，距離と空間などの情報をもとに推測しているのです。こうしたポイントを伝え，眉がつり上がっていたら怒っている，話しているのに何の反応も示さないで黙っているときは嫌がっているなど，目に見える情報と具体的な気持ちをつなげて，人の気持ちを知る「コツ」を伝える必要があります。また，その場の空気を読めずに話してしまう子どもには，「魔法の言葉」を授けます。例えば，わかりきっていることを質問したい気持ちを抑え切れずに質問してしまう子どもには，質問の前に言う魔法の言葉として「確認なんですけど」を授けます。「確認」であれば，当たり前のことを聞いても非難されることはありません。また，人に話しかけるきっかけがつかめない子どもに対しては，「ちょっといいですか」という魔法の言葉を授け，その言葉を投げかけてから話の輪に加わるように教えます。このように目に見えないものを無理やり教え込むのではなく，目に見えるわかりやすいヒントを伝えることが大切です。

次に，「話す」ことが苦手な子どもの場合です。このタイプの子どもに多いのは，一生懸命にそのときの状況や自分の考えていることを伝えようとしているのだけれども，話があちこちに飛ぶ上に，要らない情報が多く，結局相手に話している内容が理解してもらえないということです。語彙力が不足していることもあるのですが，問題として大きいのは要点を押さえて話すことができていないということです。こうしたタイプの子どものトレーニングとして日記を書かせるという方法がありますが，少し飛躍し過ぎている感がありますので，その前段階として，表7-1のようなシートを使って練習をします。

表7-1　要点を押さえて話すためのシート

いつ	
どこで	
だれが	
なにを	
なぜ	
どのように	

あしたのために　その7

　この表を用いて，帰りのホームルームや家庭などで，例えばその日にあった一番楽しかったことを左側にある問いに答える形で箇条書きにして書かせます。そして，それをもとにして先生や保護者に口頭で伝えます。こうすることで，人に伝える要点を押さえることができ，何よりも今まではいくら一生懸命話してもわかってもらえなかったのが，ちゃんと先生や保護者に理解してもらえるようになり，自信がついてきます。私の経験では，このトレーニングを3か月ぐらい続けると，4か月目以降からはこのシートがなくとも口頭で要点を押さえて伝えることができるようになり，次のステップである日記にも進んで取り組むようになります。

　かなり昔の話になりますが，人前に出るとまったく言葉が出ずに固まってしまう女の子がいました。気ばかり焦って，言葉が出てこないのです。その女の子にこのトレーニングをして，半年もすると授業等でみんなの前で堂々と発表ができるようになりました。その後，自信をつけたその子は，日記に取り組み，中学校3年生のときの文化祭では自分が書いた恋愛小説を披露するまでになりました。

クラスワイドのソーシャルスキル指導

あしたのために その **8**

岩澤　一美

1. ソーシャルスキルとは

　人間は，諸説ありますが，人との関わりという点においては「白紙」の状態で生まれてきます。そして，お母さんのお腹から出て来て，初めて人との関わりを持つことになります。最初に出会うのは産婦人科の先生，そして看護師さん，お母さん，お父さん，お祖父ちゃん，お祖母ちゃんと自分以外の人との関わりを急速に広げていきます。さらに，3歳ごろには公園デビューを果たし自分と同じぐらいの年齢の子どもと関わり，その後保育園や幼稚園，小学校，中学校，高校と関わる範囲を広げていきます。こうした発達に応じた人間関係の広がりの中で求められるのが，人と関わる力であるソーシャルスキル（social skill）です。ソーシャルスキルは直訳すると「社会技術」となりますが，具体的には社会の中で他人と交わり，共に生活していくために必要な力を指します。ソーシャルスキルは，初めは泣いたり笑ったりすることでしか人と関わることができなかったのが，言葉を覚えて言葉によって人と関わるようになり，次第に表情によって自分の気持ちを伝えたり，身振り手振り等を交えて人と関わるようになる等，年齢に応じて求められることが高度になっていきます。このようにソーシャルスキルは先天的に身についてくるものではなく，人との関わりの中で後天的に身につくものなのです。

2. 学校教育とソーシャルスキル指導

　ソーシャルスキルの指導は，もともとアメリカで精神疾患を患った人の社会復帰を目的として行われたものでした。それが，そうした精神疾患を患った人と同じく他人とのコミュニケーションをとるのが苦手な発達障害の子どもにも

あしたのために　その8

　有効とされ，日本でも取り入れられるようになってきました。当初は発達障害の子どもに個別，あるいは個別に近い形の中で指導されていたソーシャルスキルですが，最近ではクラスの人間関係を良くするための1つの手法として用いられるようになってきました。

　もともとソーシャルスキルは，学校に通っていれば自然と身につくものとされていたものですが，社会環境の変化によって子どもたちの人との関わりに大きな変化が生じ，発達障害ではない子どももソーシャルスキルが身につきにくい状況になっています。特にSNSの普及は，子どもたちのソーシャルスキル，特にコミュニケーション（communication）に大きな影響を与えています。コミュニケーションは，日本語では「会話」，「対話」と訳されます。元来のコミュニケーションは日本語訳の示すとおり，「会って話す」，「対面して話す」もので，その中で表情や声のトーン等を通して相手の気持ちを察知しながら交流するものでした。しかしながら，SNSを利用したコミュニケーションでは，離れた場所でもやり取りができるという利点はあるものの，文字でのやり取りが基本で，相手の気持ちを推し量る手立てが乏しく，ソーシャルスキルが身につきにくいのです。

　こうした社会環境の変化もあって，ソーシャルスキルが身につかない，あるいは身につきにくい子どもたちが増えてきており，ソーシャルスキルを自然に身につくものとしてではなく，スキル（技術）として指導し，良い人間関係を構築する必要があるのです。

　さらに，この良い人間関係を構築することはインクルーシブ教育システムを構築することと深い関係があります。文部科学省が平成24年に実施した調査（文部科学省，2012）によると，通常学級に在籍する発達障害の可能性のある特別な教育的支援を必要とする児童生徒の割合は約6.5％で，これは通常学級の中に1～2人そうした子どもが含まれていることを示しています。インクルーシブ教育という観点でこのことを考えた場合，特別な教育的支援を必要とする子どもとそれ以外の子どもとの関わりが重要なポイントとなってきます。お互いのことを認め合い，大切に思うようなクラス環境であれば，特別な教育的支援を必要とする子どもも安心して学校生活を送ることができるでしょう。しかしながら，他人を攻撃することで自分を守ることが日常化しているようなクラ

スでは，特別な教育的支援を必要とする子どもはその特性ゆえ，ターゲットにされることも多くあり，日々おびえて学校生活を送ることになり，不登校等の二次的問題を抱える可能性が高くなります。このようにインクルーシブ教育システムを構築するためには，良い人間関係を構築することが必要であり，そのためにはソーシャルスキルが身につきにくくなっている今の子どもたちに，あえて指導する必要があるのです。

3. ソーシャルスキル指導の実際

（1）頻度

　ソーシャルスキルを指導する頻度は，月に1回程度，年間8回程度行うのが理想的です。その理由は，ソーシャルスキルと教科の指導の違いにあります。普通の教科は，塾等であらかじめ学習しているかどうかは別にして，基本的には子どもたちは初めて出会う情報を授業で学習し，知識を積み上げていきます。これに対しソーシャルスキルの指導で扱う内容は，子どもたちが実生活ですでに体験している可能性が高いものを扱いますが，今までにどうするのが正しいのかを教えてもらった経験がないものがほとんどです。それは積み上げが必要なものではなく，指導された日を境に，指導された内容を意識して生活することが重要になります。そのため教科指導のように，週に3～4時間も指導してしまうと意識しなくてはならないことが多くなり過ぎてしまい，子どもたちが消化不良をおこすことになってしまいます。

　例えば，「ホワッと言葉とグサッと言葉」をテーマにしたソーシャルスキルの指導の後に，図8-1のような絵をクラス内に掲示します。そし

図8-1　ホワッと言葉（花），グサッと言葉（枯葉）を貼っていく

あしたのために その8

て帰りの会等を使って、その日人から言ってもらったホワッと言葉や自分が言ってしまったグサッと言葉を発表し、ホワッと言葉は花、グサッと言葉は枯葉を貼っていき、子どもたちに日々意識させるようにしていきます。

このように指導した内容を理解させることも重要ではありますが、指導後にいかにしてそのことを意識して生活させるかがより重要となるのが、ソーシャルスキルの指導です。

(2) 組み込み方

「子どもたちに必要であることは十分理解しているが、現実問題としてどの時間に実施すれば良いのか？」という質問をよくされます。

学習指導要領が改訂される前には、道徳の時間を利用して実施している学校が多くありました。実際、道徳の目的とソーシャルスキルで指導する項目には合致するところが多く有効な手段でしたが、道徳が教科化された今では教科書もあるので、このような実施は難しいと思います。月1回程度の実施ということを考えると、特別活動の中で適宜実施していくのが現実的ではないかと思います。

(3) 年間指導計画

年間で8回程度の指導計画を立案します。それぞれの学年の発達段階に応じたテーマを選び、そのクラスが目指す集団像に近づくような流れの中で指導を行えるように計画を組んでいきます。しかしながら、実際には指導計画にはない問題がクラス内で起こることは十分に考えられることですので、そうした場合には柔軟に対応して、その時々で子どもたちにとってタイムリーなテーマに変更していきます。

(4) 基本的な流れ

ソーシャルスキルを指導する際の基本的な流れは図8-2のようになります。これはあくまで基本的な流れですので、テーマや内容によっては必ずしもこの通りに行う必要はありません。また指導の前には、「人の演技を笑ったり、バカにしたりしない」、「発言は指名された人がする」のように、ルールを確認し

ておきます。

①ウォーミングアップ
　その日のテーマに関連した簡単なゲームを行い，子どもたちのテーマに対する意識を植え付けます。ウォーミングアップで行うゲームの例をいくつか紹介します。

■これは何の音？（テーマ「人の話を聞く」のウォーミングアップとして）
　外から中身が見えないような大き目の袋を用意して，その中に音がなるもの，例えば鈴，はさみ，ホチキス，マウスなどを入れておきます。机間巡回をしながら最初は誰でも簡単にわかるものから音を鳴らし，徐々に音が小さいものにしていきます。音が小さくなるにつれ，子どもたちはその音の正体を突き止めようと必死に耳を傾けます。ゲーム後に「みんな，袋に耳を近づけて聞いていたよね。それが『集中して聞く』っていうことなんだよ」と説明を加え，テーマの説明に移っていきます。

■これは何かな？（テーマ「人に伝える」のウォーミングアップとして）
　誰でも知っているようなものや動物等の写真や絵を用意し，後ろから透けて見えないように画板等で隠します。子どもを一人指名して，その写真や絵について3つ程度のヒントをほかの子どもたちに出させます。ヒントについては，英語で言い換えることや説明的過ぎるものは避けるようにあらかじめ指示しておきます。ヒントというのは，そのものズバリではいけないけれど，ほかの人にわかってもらうためにわかりやすいものでなければならないことを理解させ，テーマの説明に移っていきます。

図8-2　ソーシャルスキル指導の基本的な流れ

あしたのために　その8

■どうしようか？（テーマ「協力する」のウォーミングアップとして）
　7～8人のグループを作って，新聞紙にグループ全員が5秒間乗るというゲームです。
　新聞紙見開き1ページから始め，それができたら新聞紙を半分に折り，またできたらさらに半分に折るということを繰り返していきます。特に細かいルールは伝えず，グループ全員が新聞紙にどうやったら乗ることができるのかをグループで話し合い，実行します。途中で「おぶっても良いのか」，「片足だけでも良いのか」等質問が出てきますが，アイディアとして認めていきます。みんながアイディアを出し合い，1つのことを成し遂げようとしたことを賞賛しつつ，テーマの説明に移っていきます。

②モデリング
　以下に示すような，同じような状況だが結果が異なるような場面を2つほど用意し，子どもたちの前で教師が演じます。

【モデリングの例】
シーン1：掃除の時間に誤ってバケツをひっくり返してしまった友だちに優しく「大丈夫？」と声をかける。
シーン2：掃除の時間に誤ってバケツをひっくり返してしまった友だちに「何やってんだよ！」と厳しい言葉をかける。

　チームティーチングの場合であれば，その場で演じ，教師が一人しかいない場合には事前に撮影したものを見せるようにします。その後で，優しい言葉をかけてもらったときの気持ちと厳しい言葉をかけられてときの気持ちについてそれぞれ発表させます。子どもたちが発表したものは基本的にすべて板書するように留意します。そして，同じ場面でもかけられる言葉によって人の気持ちは変わるということを確認して，リハーサルに進みます。

③リハーサル
　モデリングで示した場面とは異なる場面を子どもたちにプリント等を配布し

て提示し，どうしたらいいのかを考えさせ，実際に台詞を書かせます。

【リハーサルの例】（それぞれどんな言葉をかけたらいいのか）
シーン1：初めて25m泳ぐことができた友だちに
シーン2：リレーでころんでしまった友だちに
シーン3：重い物を持っている友だちに

全員が書けたことを確認したら，2人1組でその場面を演じる練習をします。役割は固定するのではなく，交代しながら演じる練習をします。練習後，何組かを指名し，みんなの前で演じさせます。

④振り返り
　授業で気づいたことや今後どうしていきたいかなどを考えさせて書かせた後，何人かを指名して発表させます。
　発表後，配布したプリントは回収し，そのプリントに書かれていることから個々の子どもの理解度や気づきについて確認し，翌日からの指導に生かすようにします。

(5) **指導にあたっての留意点**
　「(4) 基本的な流れ」の中では，子どもたちにプリントに書かせることを前提とした説明をしましたが，低学年等で書くことが難しい場合には，書かせることにこだわることなく，考えることや発言することに集中するようにしていくことが大切です。
　また，授業中の子どもの発言はできるだけ板書し，取り上げていくように心がけます。このため，モデリングやリハーサルで用いる絵や写真や，その時間のテーマについては，あらかじめ用意しておき，当日はマグネット等で張るだけの状態にしておき，できるだけ子どもの発言を板書することに専念できるように準備しておくことが大切です。

4. ソーシャルスキル指導とその効果

　何年か前の話ですが，A市では，全市を挙げてソーシャルスキル指導に取り組んでいて，何年間かお手伝いをさせていただいたときに，ソーシャルスキル指導にどういう効果があるのかを検証したことがありました。方法としてはソーシャルスキル指導を始める前の4月とソーシャルスキル指導が終了した2月にhyper-QUテストを行い，集団の状況を比較する形をとりました。

　A市の子どもたちは内気な性格の子どもが多く，悪いこともできない代わりに良いことも積極的に取り組めないところがあって，4月のhyper-QUテストにおいてもそれが如実に表れていて，人の手伝いをすることはいいことだとわかっているが積極的には取り組めていない面がありましたが，2月のテストでは積極性が垣間見られるようになっていました。

　また，集団にも大きな変化が見られ，いずれのクラスにおいても学級生活不満足群，侵害行為認知群，非承認群の子どもたちが，ソーシャルスキルの指導後はその多くが学級生活満足群に移動していました。

　ソーシャルスキルを指導したことだけが，その結果の理由と言い切ることはできませんが，個々の子どものソーシャルスキルの獲得が集団に良い影響を与えていることは確かであると思っています。

[引用・参考文献]
岩澤一美（監修）（2014）『聞く・話す・伝える力をはぐくむ　クラスが変わる！子どものソーシャルスキル指導法』（ナツメ社）
文部科学省（2012）「通常の学級に在籍する発達障害の可能性のある特別な教育的支援を必要とする児童生徒に関する調査」調査結果

あしたのために
その **9**

授業を通じてのソーシャルスキルトレーニング（SST）

阿部　利彦

1. 対話型の授業に苦戦する子どもたち

　教育現場では「アクティブラーニング」の重要性が声高に叫ばれるようになり，授業にペア活動やグループワークを取り入れる学校が増えています。アクティブラーニングにおける「主体的・対話的・深い学び」を実現させるためには，子どもの主体的なコミュニケーションの促進がその鍵を握っていると言えるでしょう。

　しかし一方で，自分の考えを人に伝える，意見交換する，友だちと自分の考えとの相違点と類似点を検討する，といった学びが苦手な子どもたちもいます。例えば，LDのある子どもであれば，聞くこと，話すことなどのつまずきから，対話的な学びで苦戦してしまうことが容易に想像できるでしょう。対話型授業のプレッシャーによって，不登校になる生徒も出てきているというのが現状なのです。

　それでは，対話型授業におけるつまずきやすい課題にはどのようなものがあるでしょうか？

① グループを作る
② 質問する，質問に答える
③ 友だちの意見に付け足す
④ 友だちの意見に対する反対意見を述べる
⑤ 話し合った内容をもとに自分の考えをまとめる

　他にも「友だちの質問の意図を汲み取れず，求められた答えを述べることができない」，「話し合いの流れを無視して自分のこだわりのあることばかり質問

> あしたのために その9

してしまう」,「友だちの話を途中で遮り,自分の考えを通そうとする」といった課題がみられる子どももいます。

2. 対話スキルの向上を目指して

　質問する,人の意見を取り入れる,さらに自分の考えをまとめる,相手に伝える,ということは,学校だけで必要なスキルではありません。これらの対人関係スキルは,長く働き続けるためにも大切なものです。主体的に自分の考えを伝えるためには「説明スキル」が必要ですし,相手の立場を考えて聞くためには「傾聴スキル」が,そして協働的にグループで考えをまとめていくためには「提案スキル」が必要になります。

　学校生活で苦労している子どもたちの対話スキルを向上させることは,その子どもたちの就労・自立への支援にもつながると言えるでしょう。

　こういった対話スキルを含む対人関係能力の向上のためにはソーシャルスキルトレーニング（SST）が効果的です。ソーシャルスキルとは「社会の中で他人と交わり,共に生活していくために必要な能力」のことです。

　ソーシャルスキルには他にも「気持ちをうまく伝えること」や「相手の言葉をしっかり受けとめること」,「うまくトラブルを回避しながら自己主張をすること」などさまざまなものがあります。私たち大人は,それらを日常的に自然に行うことができます。決して,誰かにさせられているのではなく,持っているスキルを自己判断で使いこなしているのです。それによって,社会の一員として他者と関わり,生活していくことができているわけです。

　SSTを実施すると,対人関係のトラブルを回避し,集団場面でのストレスを軽減でき,相手との交流を通じて成長することができる力が育ちます。考えることも,悩むことも,相手に意見することもできるようになるのです。

　このSSTには,子ども一人ひとりに合わせた個別のSSTと,クラス全員で行うクラスワイドのSSTがあります。このクラスワイドのSSTにも,時間を確保して授業以外の場面で行うSST（8章）と,各教科の授業を通じて行うSSTとがあります。

　このうち,授業で行うSSTにはいくつかのメリットがあります。まず時間

的なメリットです。SSTを授業外に行うとなると，その時間を年間で確保しなければなりません。その点，授業で実践すればその問題を解決することができます。さらに大きなメリットは，日常的に対人関係を学ぶことができるので，学んだことがすぐにいかせるということです。ですから，学んだことがより般化しやすくなります。

3. 国語の授業でSST

　相手の立場になって考える力を持っている子どもは「他者視点」が備わっていると言えます。他者視点取得は，幼児期からできているわけではなく，発達とともに獲得されると言われています。相手の立場に立てるということは，物語の読み取りにも関連しています。

　『ごんぎつね』の「ごん」の気持ちになるためにも他者視点が必要です。この視点がないと，物語の中で視点が別の登場人物に切り替わったりしたときにそれを理解することが困難になります。

　例えば，『ごんぎつね』のラスト，兵十がごんを撃ちます。その後で，ごんがいたずらをしていたのではなく，兵十に食べ物を届けていたことに気づいた兵十は「ごん，お前だったのか？」とつぶやきます。すると，ごんは静かにうなずきます。このとき，ごんはどんな気持ちだったのかを想像してみる，という場面で，ごんの気持ちになれない子どもも出てくるわけです。

　視点取得の成長段階についての研究によると，6歳から7歳で「自分と他者の視点の違いに気づく」，8歳から11歳になると「自分の見え方を軸に身近な人と自分の視点を検討するようになる」，12歳くらいになると「第三者の状況や視点を予想できるようになる」と言われています。

　このような視点の成長は，桂聖先生の「文学の読みに関連する学習用語の系統」とリンクすることがわかります。桂先生の系統によると3年生（8歳頃）になって「立場による見え方の違い」を指導し，4年生になってから「視点」，「視点の転換」を教えるようになっています。つまり，視点取得のレベルに合わせてソーシャルスキル指導をしないと，子どもは「腑に落ちない」まま，やらされるに過ぎないことになるのです。

あしたのために　その9

　さて，国語で学ぶことができるスキルとしては，例えば下記のようなものが挙げられます。

お話スキル	（経験や出来事を5W1Hに気をつけて話す）
理由づけスキル	（理由づけの話し方を工夫する）
要求スキル	（事実だけではなくて，理由や決意なども話す）
傾聴スキル	（傾聴したり尋ねたりする）
説明スキル	（理論的に説明する）
反論スキル	（相手の気持ちをふまえて反論する）
仲直りスキル	（アイメッセージで話す）

　アクティブラーニングでは子どもたちの聞く力が重要です。聞く力を育むためには，まず友だちの意見を聞いて，その内容に対して肯定的に反応する行動を強化することです。

肯定的反応の「あいうえお」
「あっ，そうか」，「いいね，それ」，「うんうん，なるほどね」，「えーすごい」，「おお，たしかに」

　次に自分のことと「むすびつけて」考え，付け足したり，広げたりしていくスキルを増やしていくことです。

むすびつける言葉
「○○さんにつけ足しで～」，「○○さんと似ていて」
「きっと○○さんは～」，「○○さんに言われて気づいたんだけど」

　上記のような言葉が出てきたときに，先生はそれを価値づけていきます。このような共感的な反応は，他者とつながるために重要な役割を果たすのです。

4. 算数の授業でSST

　算数の授業では，友だちの立場に立ってみることにより，自分の考えとの共通点を見つけることができます。ここで他者視点が生まれ，さらに共感的な視点が生まれるのです。算数の授業では，例えば，「Aさんはどうしてこうしたと思う？」という問いかけが重要になります。

「Aさんはどうしてこうしたと思う？」という問いかけ
- 正しい答えを探る問いではないので，発言しやすい雰囲気を作る。
- 同じような見方や考え方をした子どもが共感でき，発言しやすい雰囲気を作る。
- 自分とは異なる見方や考え方に出会わせ，問いを持たせる。
- 子どもの思考や表現の意図や背景を探り，見通しを持ったり，問題の構造を理解したりする。

　さらに，友だちの間違いから学ぶこと，誤答を共有化し，共に問題解決していくことも重視されています。このときの対話はまさにアクティブでしょう。しかし，だれかの間違いをおだやかに振り返り，皆で冷静に再検討するためには，間違いを分析するスキルが必要です。

　子どもたちが間違いを大事に受け止め，その間違いをクラスの仲間と分析していくことにより「間違っても大丈夫」という安心感が生まれます。そういうクラスは，失敗や間違いを前にすると感情的になりやすい子どもたちに感情調整を経験させる場となるでしょう。そして，そういうクラスの仲間と学ぶことで，彼らは授業を通じて「間違いに対応する力」を獲得していくことができるのです。

【間違いを分析するスキル】
- 間違ってしまった友だちは何をしたかったのか
- どこまで合っていて，どこから間違ったのか
- どこをどう直せばいいのか
- どんな条件なら正しい考えとするか，その条件

あしたのために その9

　さて，発達障害のある子どもはどちらかというとグループよりもペアでの活動の方が参加しやすい傾向があります。何人ものメンバーの意見を同時に聞き，記憶し，自分の意見との類似点や相違点を整理するということが困難だからです。目の前の相手一人に集中し，その意見を焦点化することによってなら学びを深めることができるでしょう。

　ただ，ペア活動にしても，練習が必要です。協力しやすいところから始め，さらには子どもたちの興味・関心のあるテーマでペアトークなどを楽しく経験させていくことにより，ペア対話の技術は向上していきます。

　とくに算数では，類似点・共通点を見つけるということが学びの鍵になりますので，ペア対話を通じて学びを深めていくことができます。

5. 体育の授業でSST

　体育の授業では，ルールや勝ち負けをめぐって子どもたちが責め合うような場面も見られます。そんなときに，譲り合ったり，許し合ったり，謝ったりすることができるかどうか，このような指導も体育で重要な要素であると考えます。

　「謝る」という行動だけでなく，エールを送る，アドバイスする，などの行動は，ソーシャルスキルと関連しています。SSTで学ぶうちに「この相手に納得してもらうにはどう言ったらいいかな」，「けんかしないで，伝えるにはどうしたらいいかな」という考え方ができるようになるので，総合的な人間力が育っていくというわけです。SSTの視点から体育授業を考えるということは，他者視点を大事にする指導をすることなのです。

　体育の授業は，運動技術を中心にしながら社会的行動の学習や認知的・反省的な学習も含み込んで進められていきます。授業でのソーシャルスキルの獲得の機会には大きく，次の2つの場面があると考えられます。

① 運動技術の学習をしていく中でソーシャルスキルを獲得していく場面
② 円滑に授業を行っていく上で必要なソーシャルスキルを獲得していく場面

①では，友だちと関わり合いながら運動を行ったり思考したりすることでさまざまなソーシャルスキルの獲得が期待できます。運動技術を獲得させていく過程において，運動や内容をシンプルに教材化したり指導方法を工夫したりすることが，それぞれの子どもに生じる葛藤場面をわかりやすくします。子どもたちが運動技能を学びながら同時にソーシャルスキルを獲得していくということは，体育授業の本質であるとも言えます。

また②では，集団で行動しなければならないときに葛藤場面が生じて，そのことによりソーシャルスキルを獲得していくことが期待できます。集団を効率よく動かす授業マネジメントや学習規律は，よい体育授業の基礎的条件であると言われます。それぞれの子どもがソーシャルスキルを獲得することによって効率よく動ける集団を形成することができると考えられます。子どもたちがソーシャルスキルを獲得できるようにするためには，授業の進め方をシンプルにし，指導方法を工夫していくことが求められます。

6.「考え方」の幅を広げるソーシャルスキル指導

体育という授業は，子どもが感情的になることも多くあるので，絶好のSSTタイムです。例えば，運動場の総合遊具を使い，サーキット運動で準備体操をすることがありますが，ここで「ペア」活動を使います。一人が行うのをもう一人が見ていて，「今跳ぶよ！」といったタイミングの声かけや，「もうちょっと！ がんばれ！」という応援をするのです。そうすると，運動が苦手な子どももポイントを意識することができ，がんばることができます。

ペアで行うようにすると「馬跳び」とか，「またくぐり」といった，相手に少し触れる準備運動も，自然に取り入れることが可能です。こういう運動を用いて，距離感や感覚の苦手さにもアプローチできると思います。

勝ち負けに強くこだわる子どもに対しては，「負けても気にしないで」，「そんなのは些細なことだ」と説得型の指導をすることも多いと思います。しかし，「負けるが勝ち」という言葉もあるんだよ，と教えるといたく気に入って，イライラすると「負けるが勝ち，負けるが勝ち」と唱えることでキレにくくなったというケースもありました。また「勝負に負けて自分に打ち勝つ」という考

え方を提供したことで、生き方の幅が広がった、というケースもありました。

「負けるが勝ち」という言葉はだれでも日常生活で自然に獲得できるでしょうか？　私はそうは思いません。やはり、こういう考え方もあるんだよ、と教えてあげる場面をあえて設定しなければならない子どもたちがいるのです。

もちろん「負けるが勝ち」という考えがいつも正解であるとか、その考え方だけに依存しろ、というのではありません。ある場面において、いくつもの対処法を自分だけであみ出すことが難しい子どもがいるので、「Aという考え方もある、Bという考えも、時にはCという考えもある」と視野を広げさせること、それが社会性の獲得には重要なのです。

7. クラスにおけるソーシャルスキル指導

対人関係のスキルはただ教え込めばいいというものではありません。対人関係のスキルは、協調性（仲間との良い関係を維持したいと考える）、共感性（相手の立場に立って考えようとする）、主張性（自分の考えや気持ちを相手に伝えたいと思う）、自己統制（自分の気持ちを上手にコントロールする）、責任性（仲間、チーム、クラスに対して責任ある行動をとる）といった要素と深く結びついていることを常に念頭においた指導が求められます。

そして、仲間と一緒に活動したい、一緒に考えたい、一緒に葛藤場面を乗り越えたいというモティベーションが土台となって、対人関係のスキルは定着していくのです。

【引用・参考文献】
阿部利彦（監修）清水由・川上康則・小島哲夫（編著）(2015)『気になる子の体育　つまずき解決BOOK——授業で生かせる実例52』(学研教育みらい)
阿部利彦・桂聖・盛山隆雄・平野次郎・清水由 (2015)『教科で育てるソーシャルスキル40——本物の力は良い授業で育つ！』(明治図書)
藤野博（編著）(2016)『発達障害のある子の社会性とコミュニケーションの支援』(金子書房)

通級や支援教室を活用した支援方法

あしたのために
その **10**

阿部　利彦

1．アセスメントにもとづく支援の重要性

　通級などの指導でまず重要になるのは，子どもたちのアセスメントです。2章にもあるように，立体的なアセスメントが必要になります。知能検査などを組み合わせたテストバッテリーを組み，その子どもの強みと課題を整理します。また，テストによる対象児童・生徒の特性理解だけではなく，保護者や担任からの聞き取り，在籍クラスでの様子の行動観察も必要です。

　このような立体的な子ども理解のもと，その子どもの退級までをイメージし，長期目標を設定します。次に，その長期目標をスモールステップ化して短期目標を決めていきます。対象児童・生徒の指導時間が年間どのくらいとれるのかを計算した目標の絞り込みが必要になるでしょう。

【行動観察による視点】
〇姿勢の保持：低緊張
〇着衣・靴：身体感覚，目配りの悪さ
〇机の上，中，周囲：カテゴライズ，優先順位
〇書字，運筆，描画：微細運動
〇黒板，教科書，先生への注意の向け方：維持性注意，選択的注意
〇リコーダー，鍵盤ハーモニカなどの演奏：目と手の協応動作，聴覚過敏
〇運動技能（走り方，なわとび，球技）：粗大運動，協調運動
〇次の教科への切り替え：見通し，行動の抑制
〇手いたずら，癖：非移動性多動
〇極端な偏食：味覚過敏

> あしたのために その10

　これら多くの視点からの適切なアセスメントに基づく指導計画を立てるわけですが，もう1つのポイントは，指導・訓練の客観的な効果の見届けです。見届けるためには，先ほどの目標設定が具体的でなくてはいけません。

　良くない例としては「お話が上手にできるようになる」とか「友だちと仲良くできるように」などのあいまいな目標設定です。もっと具体的に言語化して，より客観的に効果を測れるようにしていきます。また，「暴力をふるわない」，「授業中勝手に発言しない」といった否定語による目標設定も避けた方がいいでしょう。

　さて，通級や支援教室では，来室の目的，支援で何を目指すのかなどについて，来室している子どもと共有することが必須となります。

　通級で学んだ対人スキルについて，ある子どもが「えっ，これってクラスでもやるの？」と驚いていたことがありました。つまり，その子どもは通級の教室だけでそのスキルを使えばいいと理解していたわけです。ですから，目的を明確に伝え，トレーニングしたスキルが在籍クラスや家庭に般化するように，生徒・児童自身の理解を深めてあげましょう。

　また，トレーニングしたことが通常の学級や家庭で定着するには，担任の先生や保護者の方のバックアップが欠かせません。例えば，通級で「貸して」や「ありがとう」を学んだのであれば，その行動がクラスや家庭で見られたときにほめて強化する必要があります。そのためには，通級での指導目標は児童・生徒とだけでなく，通常学級の担任の先生や保護者とも共有化すべきことは言うまでもありません。

2. 自己理解を深める

　通級には，コミュニケーションに課題がある子どもも多く通ってきます。そこでSSTが行われるわけですが，他者を理解するために大切なことは，まず「自分を知る」ことです。この「自己理解」を丁寧に扱うことが通級指導の鍵になるのです。

　自分を知るということは，自分をより客観視するということです。自分がどんな性格で，どんな考え方の傾向があり，どんないいところと課題があるのか，

といった性格・からだの特徴・生活習慣・学び方のスタイルを認識するわけです。そして，自己認識をもとに自分を制御することを学びます。この認知を「メタ認知」といいます。

【メタ認知】
① 自分の身体的特徴や能力・性格・知識を認識すること
② 自分の考え方や行動・感情のパターンについて認識し，何が課題かについて明確にすること
③ その認識をもとに自分の考え方や行動をコントロールすること

通級指導の中で，その子の発達段階に合わせて「自分取り扱い説明書」を子どもと一緒に作り，ふくらませていくようにします（図 10-1，図 10-2，図 10-3，図 10-4）。

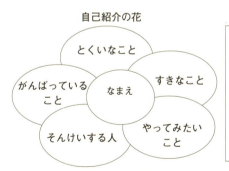

図10-1「自分取り扱い説明書」の例
「自己紹介の花」（U-SST ソーシャルスキルワーク：日本標準）

自分の性格を知ろう！

- 元気
- 明るい
- まじめ
- すなお
- がんばりや
- おおらか
- がまん強い
- あきらめない
- 気が利く
- 親切
- おもしろい
- チャレンジ精神

図10-2「自分取り扱い説明書」の例
「あなたの性格にあてはまるもの」

あしたのために　その10

好きなことリスト

好きなテレビ番組
好きな歌手，俳優
好きな歌
好きな遊び
好きなゲーム
好きな食べ物
好きな飲み物
好きな色
好きな動物
好きな教科

図10-3 「自分取り扱い説明書」の例
　　　　「自分リスト」

自分の生活を知ろう

朝は自分で起きる
毎朝顔を洗う
朝ごはんをきちんと食べる
毎朝歯を磨く
自分の服を自分で選ぶ
挨拶をする
食事の前に手を洗う
次の日のしたくを必ずする
お風呂に入る
寝る前に歯を磨く

図10-4 「自分取り扱い説明書」の例
　　　　「自分の生活を知ろう」

　さて，この自己理解においてもっとも重要なことは，子どもたちが自分の「いいところ」に気づくことです。もちろん通級では自分の抱えている課題についての認識が必要であることはわかります。しかし，発達に課題がある子どもたちの多くは自尊感情が著しく低下しています。そのような苦しい状態にある子どもたちがいきなり自分の課題に直面し，それを受け止めていくことはかなりの負担になることでしょう。ですから，課題に向き合う前に，まず自分の良さ，「いいところ」を知り，そして通級での取り組みで「わかった」，「できた」をたくさん経験し，自尊感情を安定させたその上で，自分の苦手に直面できるようにうながしていく方がいいでしょう。遠回りのようですが，結果的にはそれが支援の近道となるのです。

　自己理解を進めていきながら，自分のいいところと並行して自分の苦手なこと，嫌いなことを整理し，それに対してどのような対策があるかを子どもと先生方で検討していくようにします。これらの検討は，将来子どもたち自身が何らかの合理的配慮を求めていくときにも有用となります。

3. 学び方を学ぶ

「自分を知る」ということを通して、子どもたちが自分に合った学び方を知っていくことも、とても大切なことです。ですから、通級でのサポートでは、その子どもに合った学習方略を一緒に見つけることもテーマとなります。

国語の授業では、「言葉」だけでなく、動作化によって「体」を使いますし、友だちとの対話は「人」が関係してきます。算数の授業では、「数」だけでなく、イラストにしてみる（絵）、九九をリズムで覚える（音楽）という形でいろいろな力を使って問題を解決していきます。例えば漢字を覚える際に、どのような力を使うのがその子どもに合っているのかを一緒に考えていくわけです。

しかし、自分の特徴やくせに合った勉強のコツを見つけるまでの作業は、発達が気になる子どもたちには大変困難な道のりです。そのサポートをしていく際に有効となるのは「学び方を学ぶ」という視点でしょう。

ハワード・ガードナーの提唱したマルチ知能の考え方を、さらにトーマス・アームストロングが「マルチ（知能の）ピザ」という表現を使って、子ども向けにわかりやすく説明しています。マルチ知能は「言語的知能」、「論理数学的知能」、「空間的知能」、「身体運動的知能」、「音楽的知能」、「対人的知能」、「内省的知能」、「博物的知能」の8つで構成されますが、マルチ（知能の）ピザでは、それらがピザの一切れに例えられ、「言葉」、「数」、「絵」、「体」、「音楽」、「人」、「自分」、「自然」と表現されているので、子どもにも理解しやすくなっています。

この考えを日本に導入した涌井恵先生は、さらにピザを載せるお皿を「やる気」、フォークを「記憶」、ナイフを「注意」の象徴として加え、「マルチピザ」と「やる・き・ちゅトリ

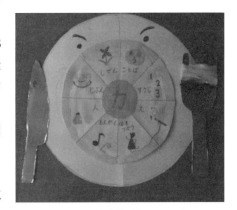

図10-5　マルチピザ（涌井, 2014：トーマス・アームストロング（著），吉田新一郎（訳）『「マルチ能力」が育む子どもの生きる力』（小学館，2002）を参考に作成）

あしたのために その10

オ」として子どもたちにわかりやすく学び方を学ばせる取り組みをしています（図10-5）。

さらに，「学び方を学ぶ」際にはシンキングツールの使い方を学ぶことも重要になります。シンキングツールによって「考えの見える化」が可能になるので，これらを使いこなせるように支援するといいでしょう。マインドマップなどは，情報をつないでいく場面で活用できますし，クラゲチャートなどは文章の構成を整理する場面で役立ちます（図10-6）。

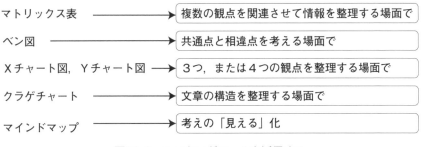

図10-6　シンキングツールを活用する

4. ビジョントレーニング

「読む」，「書く」などのつまずきがある子どもの場合，6章でも少し述べたように，微細運動の課題だけでなく，視機能に課題のある場合があります。通常学級における学習への参加度を高めるためにも，通級や支援教室において，積極的にビジョントレーニングを取り入れていくことが望まれます。

(1) ゆっくり動く目標をじっと見る

指人形などを子どもの目の前に見せ，左右や上下，斜めや円状に動かしてみましょう。その際に子どもの目がなめらかに対象を追いかけているかを観察します。

例えば，対象をじっと見続けるのが難しい子どもは，同じ場所に眼球をとどめておくことが難しいかもしれないと考えられます。じーっと一箇所を見よう

と思っても微妙に視点が動いてしまい，文字が揺れるように見えてしまうのかもしれません。

　また，左右に対象を動かしたとき，ちょうど中央部分を通過する際に，眼球の動きががたつく子どももいます。この部分は正中線といい，左目中心から右目中心の情報へ切り替える瞬間に乱れが現れるポイントでもあります。この部分で困っている子どもは，ものさしの目盛を順番に数えるといった左右の動きが苦手だったり，不器用であったりすることが予想されます。

(2) 点から点へ見る場所をジャンプする

　文章を読む際に，眼球はどのように動いているのでしょうか。子どもの読む様子を映像で見ると，眼球は進んだり戻ったり，たえず動いています。つまり，なめらかに読んでいくために，文章の中の単語を探し，文の切れ目を判断しているのです。また，行末から次の行頭に向けて正確にジャンプする必要もあります。これらの動きがうまくできないことが，行とばしや逐次読みに繋がることもあるようです。

　6章でもふれたように，開いて構えた両手の親指をリズムに乗せて交互に見る，というトレーニングが一番手軽な方法です。

　また，学級みんなで取り組む際は，黒板の四隅にそれぞれ違う番号札等を貼り，先生の指示に合わせてそちらを見るという遊びも面白いと思います。他にも，かるた遊びや間違い探しなど，子どもたちが楽しんでトレーニングできるものはたくさんあると思います。

(3) 寄り目のチェック

　私たちに眼が2つ備わっている理由の1つに，「奥行き」をとらえる働きが挙げられます。両方の眼を寄せたり離したりすることによって，対象との距離をとらえようとしているのです。ボール遊びが苦手な子どもの中には，両眼の寄せが苦手な子どもがいます。

　トレーニングの仕方としては，親指を正面に構えて，ゆっくり鼻先へ近づけてみましょう。1本に見えた親指が2本に分かれて見えるポイントがあるので，その直前（1本に見えるギリギリの位置）でしばらく我慢します。子

どもであれば，5cm程度まで近づけても指が1本に見えることを目指すとよいでしょう。

その他，キャッチボールをしたり，ボールをバットで打ったりすることも，有効な遊びです。

[引用・参考文献]

阿部利彦（編著）(2009)『クラスで気になる子の支援　ズバっと解決ファイル――達人と学ぶ！　特別支援教育・教育相談のワザ』(金子書房)

阿部利彦（編著）(2012)『クラスで気になる子の支援　ズバっと解決ファイル　NEXT LEVEL――達人と学ぶ！　特別支援教育・教育相談のコツ』(金子書房)

阿部利彦（監修）『U-SST ソーシャルワーク』(日本標準)

Armstrong, T. (2000). Multiple Intelligences in the Classroom (2nd Ed.). ASCD publications, Verginia USA.（吉田新一郎（訳）(2002)『「マルチ能力」が育む子どもの生きる力』(小学館)）

NPO星槎教育研究所（編著）(2009)『クラスで育てるソーシャルスキル』(日本標準)

涌井恵(2014)「協同学習で取り組むユニバーサルデザインな学び」柘植雅義（編著）『ユニバーサルデザインの視点を活かした指導と学級づくり』(金子書房)

保護者との面接及び家庭内の関係調整・就学相談

あしたのために その11

岩澤　一美

1. 保護者との面接にあたって気をつけたいこと

(1) 目的を正しく理解する

　学校では普通に行われる保護者との面接ですが，まずはその目的を明確に意識して行う必要があります。もともと保護者との面接は，何かの問題を解決することを目的として行われるものです。私のところに相談に来られる保護者の目的の多くは，「起こってしまった問題」の解決のためなのですが，大切なのは問題を解決することだけではなく，その問題がさらに重大化しないようにするために何が必要なのか，また他の問題を引き起こさないためにどうしたらいいのかを話し合う，いわば予防策について考えることにあります。特に発達障害の子どもの指導や支援について話し合いを持つと，どうしてもそれまであった問題の解決に焦点が当てられがちですが，二次的な問題をどうやって防ぐかという前向きな視点も持った話し合いが必要となります。

(2) 心構え

　保護者との面接を行うにあたっての心構えとして大切なことは，保護者を受容するということです。受容とは，保護者の心情を理解し受け止めるということであって，保護者の言うことをすべて受け入れ，たとえ反論しなくてはならないことがあったとしても何もせずに許容するということではなく，保護者の立場に立って共感的に話を聞くということです。私が以前勤務していた発達障害の生徒を主対象とした中学校の1年生の保護者会で，年度始めに毎年のように見られた光景があります。初めての顔合わせということもあり，自己紹介をしてもらうのですが，子どもの話になると涙ぐむ人が出て，それに大きくうなずいている方も涙して，自己紹介が終わるころにはすべての保護者が泣いてい

> あしたのために その11

るのです。保護者会が終わってから，それぞれの保護者にお話を聞くと，「今までは誰にもわかってもらえず，本当に辛かった。共感してもらえてとてもうれしかった。この保護者会でなら何でも話すことができるような気がします」ということを口々におっしゃいます。このように共感的に話を聞くということには，保護者の本音を引き出すことができるとともに，そこから一体感が生まれ，良好な協力関係を築くことができるのです。

　また，保護者は何らかの不安を抱えていることが多く，相手の言った何気ないひと言にひどく傷ついてしまうことがあります。これは私が顧問をしている幼児教室に通うお母さんから聞いた話で，自分も気をつけなければと考えさせられたことがあります。公的専門機関でお子さんのことについて相談をされたときにお医者さんから「自閉症」と言われたのですが，「あの先生はたくさんそういう子どもをみているから『自閉症』という言葉を平気で使うけれど，私はそういう言葉は知らないし，とてもショックでした」と涙ながらに話をされていました。このようにたとえ悪気はなくとも，結果として相手の気分を害すような場合がありますので，特に学校は診察をする場所ではありませんから，診断名やそれにつながる表現は避け，子どもを理解しようとしている姿勢を大切にするように心がけて，面接に臨むようにしましょう。

(3) 面接時の保護者との位置関係

　学校で保護者と面接をする際の場所は，特定のケースを除けばほとんどの場合教室で，子ども用の学習机を利用して行われます。図11-1は，その位置関係の例です。よく見受けられるのはただ机を向かい合わせにして面接をする【1】のようなケースです。これは視線が正面からぶつかるため，保護者に不要なプレッシャーを与えることになり面接には不向きです。また，【2】のような位置関係は小学校の低学年の指導では用いられることもありますが，距離が近過ぎて面接には不向きです。

　この点，【3】や【4】のような位置関係であれば，保護者に不要なプレッシャーを与えることなく面接を行うことができます。

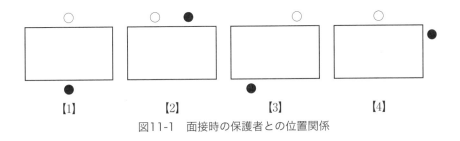

図11-1　面接時の保護者との位置関係

2. 面接の実際

(1) 連絡

　私が保護者と面接を行う場合は，すべて保護者からの依頼で始まりますが，学校ではその大半が教師からの連絡で始まると思います。実はこの「連絡」がとても大切で，この「連絡」からもうすでに面接は始まっています。場合によれば日時だけを伝えて終わるつもりだったはずが，そこから話が始まることも少なくありませんので，そうしたことに備えて時間にゆとりがあるときに連絡をするようにします。また，面接の日時を伝えることが大切なことはもちろんですが，どういう目的で面接をするのか，また一対一なのか，その子どもに関わっている教師たちも同席するのか等，面接の様子が具体的にわかるように，明確に伝えるようにします。この部分が不明確だと，保護者は不安を抱えたまま面接に臨むことになり，不安は不満に変わることもありますので，本来の目的であった話し合いが成立しなくなってしまう可能性もあります。

　また最近では，学校からの連絡がメールで知らされることもあるようですが，連絡が行き違いになる恐れもありますので，電話で連絡を入れるのが確実でしょう。

　また，面接する時間ですが，長時間設定するのではなく，1〜2時間程度にして，その時間を前もって保護者には知らせておきます。保護者にとって終わりが見えない面接というのは不安なものですし，長時間行うよりは経過を見ながら何回か行う方が信頼関係も築きやすくなります。

あしたのために　その11

(2) 面接

　面接を行う際には，何の前置きもなしに始めることは避け，まずは「お忙しいところ，おいでいただきありがとうございます」のように保護者の労をねぎらいましょう。

　そしてそこから本題に入るわけですが，これから解決に向けて話し合いをしようとしている問題についての説明をします。このときに，子どもに問題があるように受け取れる表現は避けるようにします。例えば，「Aくんが学校で〜をして困っています。」と伝えると，保護者は「自分の子ども＝悪い子」と受け取り，心中穏やかではなくなり，最悪の場合には教師と敵対してしまい，面接どころではなくなってしまいます。こうした場合の伝え方として，あくまで困っているのは子どもであり，それをどう解決していくのか考えているという姿勢が伝わるように話をします。「Aくんが学校で〜をして困っています」ではなく，「Aくんが学校で○○ができずに困って〜するようなんです。ご家庭ではどうですか？」のように，あくまで困っているのはAくんであることを伝え，家庭と協力して支援していく意向を示すことで，保護者も安心して協力的に面接に臨めるのです。

　こうして始まった面接で，教師に求められるのは前にも述べたとおり「話を共感的に聞く」ということです。面接は，保護者から情報を得るというほかに保護者との協力体制を構築するという目的があります。このため，保護者の話を否定するような「それではダメです」，「それは〜すべきですよ」といった表現は避け，保護者の話を肯定的に聞きながら，保護者のがんばりを認めていくようにします。その上で，学校として子どものために何ができるかを考え，具体的な提案をし，共通理解を図ります。ここで気をつけたいのが，そこでなされた提案を実際に実行するということです。その場を取り繕うために実行できないような提案をして，そのまま放置するということは決してあってはならないことです。保護者からの相談の中でよく「学校は何もしてくれない」と言う方がいます。よくよく話を聞いてみると，学校側に数多くの要求をしていて，それが実行されていないというのです。要求している側にも問題はありますが，返事をしてしまっている学校側にも問題があります。できることとできないことを明確にし，実行することが難しい場合には，断ることも必要ですし，他の

手立てを保護者と一緒に模索する姿勢を見せることが大切です。

(3) アフターケア

　面接でした提案によって，子どもがどのように変化したのか，あるいは効果が認められないのかについて，保護者には適宜連絡を入れることが大切です。
　一番いけないのは，学校側から何の連絡もせずに，保護者から連絡があって初めて進捗状況を報告するということです。こうしたことが続くと，保護者が学校に対して懐疑的になり，いつしかそれが不満に変わっていき，保護者と協力することが難しくなってしまいます。子どもが不登校の保護者によく言うのが,「学校の情報は，きちんとつかんでおいてください」ということです。そして，保護者からよく出る不満が,「自分から連絡するばかりで，学校は何の連絡も寄こさない」というものです。決して長い時間をかけて報告する必要はないと思いますが，定期的に学校から報告した方が保護者との協力体制を築きやすくするのです。
　しかしながら，いろいろ努力はしているのだけれど，こう着状態になってしまい，事態が進まないこともあります。こうしたときには学校内（担任）だけで抱えることはせずに，専門家などの第三者にアドバイスを求めることも必要です。

3．家庭内の関係調整

　発達障害の子どもは，その特性ゆえにさまざまな問題やトラブルを抱えることが多くあります。周囲とのコミュニケーションがうまくとれずにトラブルになったり，自分の気持ちを上手に伝えることができずに暴れてしまったりということがあります。また，これらのことが原因となって不登校や精神疾患という二次的問題を引き起こすこともあります。一番辛いのは本人であることは言うまでもないことなのですが，こうしたトラブルや問題の受け皿は，特に母親になることが多く，母親の疲弊を招く結果となります。また，このことが原因となって，子育てをめぐって夫婦間で意見の対立が起こり，家族全体に大きな影響を与えることも少なくありません。特に父親は，あくまで私見ですが子ど

あしたのために その11

もの問題に対して以下の3つのタイプがあるようです。

> ① 子どもの問題を真剣にとらえ，積極的に関わる
> ② 子どもの問題に最初は無関心でいたが，専門家の説明を聞いて考え方を改め，積極的に関わるようになる
> ③ 子どもの問題に対し無関心で，専門家の説明にも耳を貸さない

　①のタイプの場合，子どもに対する夫婦間の共通理解があるためか，問題解決にかかる時間は極めて短時間ですむことが多いように感じます。また，②のタイプは，相談に来られた母親の話を総合すると，女性よりも男性の，年下よりも年上の専門家の話をよく聞く傾向にあるようです。

　そして，この中で③のタイプは仕事人間であることが多く，子どもと朝と夜しか顔を合わせることがないため，子どもの良い面しか見ていないことから，学校でのトラブルを信じることができていないように思います。そしてその結果，母親は誰にも相談できずに一人で問題を抱え込んでしまいがちになります。

　こうしたときに必要となるのが「スピード感」です。母親一人で抱え込んでいても何も解決しないばかりか，かえって事態は悪化することの方が多いのです。例えば，法律で解決できる問題のときには弁護士，医療で解決できるときには医師，心理的な問題であれば臨床心理士，発達の問題であれば臨床発達心理士や学校心理士，特別支援教育士といったように，それぞれの分野に専門家がいますので，スピード感を持って専門家に相談することが解決への糸口になります。

4．就学相談

（1）保護者の障害受容

　就学相談を行う際にポイントとなるのは，子どもの状態を見極めることが大切なのは言うまでもありませんが，もう1つ大切なのが，保護者の子どもの障害受容がどの程度のものかを知ることです。このことを無視して子どもの状態のみを判断の材料にしていくと，話が前に進まずに平行線をたどることになり

ます。

　保護者の障害受容は一般的に表11-1のような経過をたどります。

表11-1　保護者の障害受容の経過

受容の段階	状　態
疑念・混乱	子どもの様子に違和感を感じているが，原因がわからないため，気のせいだと自分に言い聞かせたり，子育てに原因を求めたりして混乱する。
ショック・安心	診断名がつき，ショックを受けると同時に，子育てが原因ではなかったことに安心する。
努力	発達の遅れを取り戻そうと，いろいろなことに取り組む。
受容	ありのままの子どもを受け入れる。

　特に発達障害の場合は，わかりにくい障害であることから，本来であれば「ショック・安心」の段階のはずなのに「疑念・混乱」に留まってしまっている保護者が少なくなく，就学相談においては慎重な対応が求められる理由となります。

(2) 就学にあたって

　文部科学省の「特別支援教育の在り方に関する特別委員会報告（平成24年）」の中に，就学相談や就学先の決定について以下のような記載があります。

就学基準に該当する障害のある子どもは特別支援学校に原則就学するという従来の就学先決定の仕組みを改め，障害の状態，本人の教育的ニーズ，本人・保護者の意見，教育学，医学，心理学等専門的見地からの意見，学校や地域の状況等を踏まえた総合的な観点から就学先を決定する仕組みとすることが適当である。その際，市町村教育委員会が，本人・保護者に対し十分情報提供をしつつ，本人・保護者の意見を最大限尊重し，本人・保護者と市町村教育委員会，学校等が教育的ニーズと必要な支援について合意形成を行うことを原則とし，最終的には市町村教育委員会が決定することが適当である。

　文部科学省（2012）「特別支援教育の在り方に関する特別委員会報告（平成24年）」

あしたのために　その11

　まず，従来あった障害のある子どもは特別支援学校に原則就学するということがなくなり，「本人・保護者の意見を最大限尊重」することになっています。
　私のところに相談に来る子どものほとんどが，発達障害の診断がおりていてIQが境界域にあり，通常学級か支援級かその選択に悩んでいるケースです。
　最終的には保護者が判断を下すことですので，アドバイスをするぐらいしかできないのですが，知能検査や保護者の願い，子どもの様子を見て，次のような話をすることが多くあります。

> ・子どもの力に応じたところを選ぶべきだが，極端に低いハードルのところではなく，少しだけ高いハードルのところを選んだ方がいい。低過ぎるハードルは子どもの意欲をそぐだけでなく，できていたことまでできなくなる可能性がある。
> ・支援級から通常学級に移ることは可能だが，まれである。
> ・周囲の子どもとの差が出てくるのは，経験上，小学3年から。

　保護者の考え方にもよりますが，私は早くからその子どもの可能性を狭めるような選択には反対です。できないことばかりに目をやって可能性を潰してしまうのではなく，強い部分に目を向けて，その部分をよりいっそう強くするために最適な場所はどこかという観点で，選択すべきだと考えています。
　しかしながら，そうした子どもの高校選びに関しては，少し意見が違ってきます。義務養育である小学校，中学校と高校では大きく異なる点があります。高校の方が，より「自立」の問題が近づいています。昨今はさまざまなタイプの高校があり，選り好みさえしなければ入学できる高校は多くあります。しかし高校はあくまで学習するところであり，「自立」に備えたトレーニングを取り入れているところはまれです。高卒資格にこだわるあまり，「自立」の問題を先送りにすることは感心できません。高校の段階では，その子どもが自立するために最も有効な手立てを考えた上で，最善の道を探すべきだと考えています。

［引用・参考文献］
文部科学省（2012）「特別支援教育の在り方に関する特別委員会報告（平成24年）」

クラス担任・学校へのコンサルテーション

あしたのために その **12**

阿部　利彦

1. 行動観察についてのフィードバック

　巡回相談などで対象児童・生徒の行動観察をし，そこで把握した子どもの特徴を担任や特別支援教育コーディネーターと共有する際に，押さえておきたいポイントをいくつか挙げてみましょう。

(1) 効果的な指導の意識化

　行動観察で把握した情報の中でまず優先的に押さえ共有すべきことは，担任や通級担当の取り組みにおいてどんな指導がその子どもに効果的であったかということでしょう。良い指導をしている先生が必ずしも発達障害のある子どもの特性に配慮した関わりを意識しているとは限りません。そういうことをあまり意識していないのに自然と良い関わりを行っている先生もいるのです。そんな先生に対しては，そのやり方で良いのだということを意識化してもらい，その良い指導を強化していくわけです。

　例えば，教室の刺激を制限し，すっきりとした教室環境整備を行っている先生がいた場合に，それがその子どもにとっても他の子どもにとっても有効であるという確認を学校側と行います。発言を聞くときのルールや役割行動の明確化を意識したものなど掲示物の工夫がみられた場合には，教室環境のユニバーサルデザイン化が図られているということをまず共有化します。

　また，授業の中で，視覚化の工夫や声かけの工夫，発問の工夫などがみられた場合には，よりわかりやすい授業の工夫（授業のユニバーサルデザイン化）のおかげで対象児童・生徒の学習意欲や参加感が支えられていることを担任に伝えるようにします。

　さらに，発達障害のある子どもも安心して過ごしやすい仲間づくりを心がけ

あしたのために その12

ている担任の先生には，学級経営のユニバーサルデザイン化＝人的環境のユニバーサルデザイン化によって，対象児童・生徒がより落ち着いて過ごせている，ということを学校側と確認していくわけです。

特別支援教育＝個別支援，という考えはまだまだ通常の学級では根強いですが，実はこのような教育のユニバーサルデザイン化の3つの柱（教室環境のUD，授業のUD，人的環境のUD）が支援の土台，いわば基礎的環境整備となっているのです（図12-1）。

まずこの土台作りがきちんとなされていることを押さえ，もし先生が無意識に取り組まれているのであれば，その意識化と，意義の共有化を図ることが先決になります。

図12-1 子どもを支える教育における3つのユニバーサルデザイン

2．教育のユニバーサルデザインの視点で

前述したように，教育のユニバーサルデザイン化は個別支援の土台となります。例えば，どのような取り組みが必要なのかを，3つのUD化の視点から学校側とさらに深めていきます。

(1) 教室環境のユニバーサルデザイン

注意集中に課題がある子どものクラスで，①掲示物を必要最低限にしている，②教室前面の刺激量を調整している，③視覚刺激の制御のための目隠し（掲示物や棚をカーテンなどで覆う）をしている，④物を置く場所を指定し，視覚的に掲示している，などの取り組みがあれば「今やれている支援」として確認できます。また他にも，教室環境の整備については図12-2のようなチェックポイントがあります。

クラス担任・学校へのコンサルテーション

```
① 予定を確認するもの
② ソーシャルスキルに関するもの
③ 子どもの成長の記録
④ 活動の意欲を高めるもの
⑤ 学級への所属感を高めるもの
⑥ 子ども同士の交流を促すもの
```

図12-2　教室環境のUD化：掲示物の配慮

　これらの教室環境のUD化を図る際には，①安全性に関して，②操作性に関して，③汚れや破損に関して，④プライバシーや人権に関して，⑤自尊感情に関して，の5つの配慮がなされているかを確認していきます。

(2) 授業のユニバーサルデザイン

　もし学びにつまずきがある子どもがいた場合，担任の先生には①全体を見通せるように内容を板書する，②授業の流れを示す，絵や写真を見せる，③教材の文字の大きさや間隔に気をつける，④話すスピードや明瞭さに配慮する，といった取り組みが求められます。これらの工夫は，まさに授業のUD化の大き

	5つの視点	手だて
導入	☆ひきつける ☆方向づける ☆むすびつける	＜視覚刺激で意欲を高める＞ 視覚化：本時の学習への意欲を高め，**ひきつける** 焦点化：本時のゴールの明示　**方向づける** 共有化：本時の学習内容と子どもを**むすびつける**
展開	☆ひきつける ☆そろえる ☆方向づける ☆むすびつける	＜視覚刺激を言語活動で広げ，論理を追究する＞ 視覚化：考える材料を提示し，**ひきつける** 共有化：思考過程を**そろえる** 　　　　「〇〇さんの言っていることが分かる？」 焦点化：考えるポイントを明確にし，**方向づける** 共有化：モデルを発信・ペア・グループトークで 　　　　理解を**そろえる・むすびつける**
終末	☆そろえる ☆むすびつける ☆わかった 　　　　できた	＜つかんだことを表現する＞ ・「わかった」を共有化，視覚化することで「できた」へ ・モデルの提示　型の提示 ・生活へ共有化し**むすびつける**　次の時間への意欲と**むすびつける**

図12-3　授業のUD化に必要な視点

あしたのために その12

な一歩と言えるでしょう。

さらに授業の UD 化については，図 12-3 のような視点が必要になります。

また，学びにつまずきがある子どもの中には「静かに困っているタイプの子ども」がいます。わからない，できないと言えず，しかし離席するわけでも騒ぐわけでもなく，中にはそのまま1日が終わってしまう子どもさえいるのです。そういう子どもは，先生に迷惑をかけるわけでも，近くの子どもにちょっかいを出すわけでもないので，場合によっては何の支援も得られないままどんどん他の子どもとの差が開いていってしまいます。

そういう子どもを放っておかない，おいていかないような工夫があるか，を観察することも重要です。授業の中で，「おいていかれる」子どもをつくらないように，皆の理解を「そろえる」工夫がなされているかを確認していきます。

もちろん「そろえる」ためには，対象となる子どものアセスメントが必要になります。どの子どもがどのくらいわかっているのか，あるいはつまずいているのか，を授業の中で判断するのです。もちろん，その子どもに質問をして確認する，あるいはその子どものノートをのぞいて見るということも判断材料ですが，挙手しているかどうか，挙手の様子はどうか（挙手していても自信なさげ，など），あるいは首をかしげていたり，不安そうに周囲をきょろきょろしたりしていないか，など遠くからでも捉えられるヒントはあります（図 12-4）。

「そろえる」ためのアセスメント
① うなずいている子どもは
② 首をかしげている子どもは
③ 口を動かしている（考えている）子どもは
④ 隣の席の子どものノートをのぞいている子どもは
⑤ 作業が止まっている子どもは

図12-4　そろえるためのアセスメント

さらに，子どもが発するつぶやきからも子どもをアセスメントすることができます。「えっ？」，「あれ」，「なるほど」といった子どもからもれてくる感嘆詞は重要な手がかりです。

このように，アセスメントのアンテナを働かせながら，「そろえる」ための工夫を授業の中に織り交ぜていきます。
　発達障害のある子どもの多くは，先生の話を聞いて自分の頭の中にイメージを広げて考えるということが難しいようです。そこで，まずイメージをそろえるための工夫が必要になります。ここは「むすびつける」というポイントと重なる部分でもあります。
　国語であれば，①挿絵を用いる，②写真や動画を見せる，③動作化する，④劇化する，などの方法が有効になります。これらの手立てによって，内容理解のイメージをそろえていきます。

(3) 人的環境のユニバーサルデザイン

　さらに，発達障害のある子どもが安心して学べる教室の人的環境を整備するためには，以下のような取り組みが求められます。例えば，①成功体験を増やし，友だちから認められる機会を増やす，②お互いのいいところを認め合えるような学級の雰囲気作りを大切にする，③「ここがわかりません」，「もう少しヒントを下さい」といった援助を求めやすい環境を心がける，などです。
　また，人的環境のUD化は8章のクラスワイドのSST，9章の授業を通じたSSTを行うことにより，さらに安定的になります。
　教室の人的環境を，ふわっと，やわらかなものにするためには「3つの感」を育てることが重要になります。それは「共感」，「安心感」，「肯定感」です。
　人への共感というものは，共感された実体験がないと起こってきにくいものです。それにはまず，先生の側が，その子どもたちに対してどれだけ共感的に言葉を返せるか，ということではないでしょうか。「○○君の気持ちになって考えてみたらこうだと思うよ」などの共感的な言葉を，先生が意識的に返してあげることが有効です。子どもたちの中には，先生の言葉遣いを真似する子どもが必ずいますから，共感的な言葉を先生が日常的に使っていれば，同じように言い始める子どもが出てくる可能性があるのです。そういう意味では，先生方の共感的な「ふわっと言葉」がクラスでどのくらい聞かれるかをチェックしてみるのもよいでしょう。
　そして安心感については，「わからない」・「できない」に正直になれるクラ

> あしたのために その12

スを作ること，が肝要です。だからこそソーシャルスキル指導などを通じ，前述の③「ここがわかりません」，「もう少しヒントを下さい」といった援助を求めやすい環境づくりを心がけていく必要があるでしょう。間違いから学べるクラスを目指す，ということも子どもたちの安心感につながります。

このような人的環境のUD化によって一人ひとりの子どもが「自己肯定感」を持つようになる，これが「集団的自己肯定感を育む」ことだと考えています。

3. 個別支援（合理的配慮）の提案

教育のユニバーサルデザイン化は基礎的環境整備であり，その土台の上で，個別支援を充実させていく必要があります。教育のユニバーサルデザイン化と合理的配慮の両輪で支援を進めていくわけです。

さて，学校側に合理的配慮の要請をしていく際には，ついつい「できていないところをカバーする支援」や，新しいツールや特別なツールを導入しての支援を提案してしまいがちです。しかし，このような提案はリーズナブルな支援の提案とは言えず，過度の負担を多忙な学校側に強いることになる可能性があるのです。

人や時間，予算が限られた中での個別支援ですので，対象児童・生徒の強みと先生のよい持ち味とのマッチングで支援を考えていく必要があり，またその支援は長期的に継続可能なものでなくてはなりません。この継続を維持させるためには子どもにとっても，先生にとってもバッテリーセーブ型の支援を提案していくことになります。

バッテリーセーブ型の支援とは，まず対象児童・生徒の「できていること」の質を高める，「できていること」のバリエーションを増やす，「変わりやすいところ」から変える，という3つが挙げられます。

これは先生に対しても同様で，「できている支援」の精度を高める，「できている支援」のバリエーションを増やす，「その子どもが変わりやすい支援」から始める，そのための提案をしていきます。

先生は往々にして，子どもについてもご自身についても「できていること」より「できていないこと」に着目しがちです。その意味でも，児童・生徒と先

生とで「できたこと」,「できるようになったこと」を振り返ること,あるいは巡回相談員やコーディネーターが振り返りの機会を持つことが効果的なのです。

このような成果の振り返りが,次の支援へとつながっていくのです。

4. 保護者支援の提案

　巡回相談では,子どもやクラス全体へのことだけでなく,保護者対応についてもアドバイスを求められることがあります。巡回相談員が保護者に直接お会いすることもまれにありますが,ほとんどの場合は,先生やコーディネーターが保護者とどう関わればいいかというアドバイスになります。

　中でもよく聞かれるのは「児童・生徒の課題について保護者にどう理解してもらうか?」,「医療機関につなげるにはどうしたらいいか?」という内容でしょう。学校側としては,少しでも早く保護者に気づいてもらい,診断をもらい,専門的な支援や訓練を受けられるようにしていきたいはずです。しかし,これらを焦るあまりに,保護者との溝ができてしまうケースも多々見られます。

　保護者の中には,①子どもの発達的課題に気づけない,②うすうす気づいているが踏み込めない,③気づいているが他の家族の協力が得られない,④学校には内緒にしているがすでに医療機関とつながっている,などの場合があります。金銭的な問題で,医療機関や専門機関につながりにくいケースもあるでしょう。

　おそらく,専門家の診断がないと適切な支援ができないのではないか,と考える先生方もまだ多いのではないでしょうか。しかし,発達障害のある子どもにとってよい支援は周りの子どもにも効果的なのです。まずは学校でできること,教育のユニバーサルデザイン化と,さりげない個別支援から始めていき,今できるところから児童・生徒を支えていきましょう。

　さらには,子どもが学校でどのようなことで困っているかについて保護者に伝え,まず学校でこのような支援を行っていきたいと支援の内容を伝えます。それは取り出しで指導する,支援員をつける,といった特別なことではなく,あくまでさりげなく日常的な支援です。同意を得られればしばらく支援を持続

あしたのために その12

し，その効果を後日伝えて保護者と共有します。それを続けながら，支援教室や支援員の利用についても少しずつ理解を得ていくようにします。また，スクールカウンセラーにつなげていくことも大切です。

まずは学校でできることから。わかりやすい授業づくりと過ごしやすい学級づくりは，最高の支援であることを忘れてはなりません。

[引用・参考文献]
阿部利彦（編著）（2017）『決定版！ 授業のユニバーサルデザインと合理的配慮——子どもたちが安心して学べる授業づくり・学級づくりのワザ』（金子書房）
阿部利彦（編著）（2017）『通常学級のユニバーサルデザイン　スタートダッシュQ＆A55』（東洋館出版社）

あとがき

　学生や教員免許の更新講習などでお会いした現職の先生方から,「先生はなぜ発達に特性のある子どもの指導を専門に選んだんですか？」とよく質問されます。約30年前に大学を卒業してすぐに高校の教員になりましたが,初任の学校は勉強を苦手とする生徒たちが集まるところでした。新年度が始まったばかりの頃,先輩の先生がお休みをしたため高校2年生のクラスの自習課題を作成するように依頼されました。学力が低いことは聞いていたため,基礎的問題をと考え,空欄に当てはまるbe動詞を書き込む問題を作成し,クラス担任の先生に渡したところ,その先生は問題を見て困ったような顔をして,私に「せっかく作ってもらったんだけど,恐らくできないと思う」と言われたのです。私からすれば,これ以上易しい問題はないと考えていたので,かなり驚きました。
　授業が始まってからさらに驚いたのが,be動詞はおろかアルファベットも危うい生徒が少なからずいて,いくら丁寧に説明しても理解できない生徒を理解できない私がいました。このように悪戦苦闘していた頃,詳細は覚えていないのですがアメリカの書物に「LD」という言葉を発見し,その特徴が実際に指導している生徒に見事なほどに当てはまり,目からうろこが落ちる思いでした。このことをきっかけに,LDやADHDの研究を始めたのです。
　恐らく彼らとの出会いがなければ,今の私はおらず,学生時代は体育会系の部活をやっていたこともあり,きっと理解できないことを生徒のせいにし,根性論で何事も押し通すような教員になっていたのではないかと思います。
　「子どもの行動には必ず理由や原因が存在する。それを見つけるところから始めましょう！」。これは私の口癖の1つですが,みなさんもぜひ発達が気になる子どもと正面から向き合い,困っている理由や原因を見つけ出し,そうした子どもたちに自信を与えられるようになってください。
　最後になりましたが,今回の発刊にあたり,執筆の機会を与えてくださった阿部利彦先生と,企画段階からご尽力いただきました金子書房の皆様に深く御礼申し上げます。

岩澤一美

著者紹介

阿部利彦（あべ・としひこ）
1968年生まれ。早稲田大学人間科学部卒業，東京国際大学大学院社会学研究科修了。専門は教育相談，学校コンサルテーション。東京障害者職業センター生活支援パートナー（現・ジョブコーチ），東京都足立区教育研究所教育相談員，埼玉県所沢市教育委員会健やか輝き支援室支援委員などを経て、星槎大学大学院教育実践研究科教授。日本授業UD学会理事。日本授業UD学会湘南支部顧問。
主な著書に，『発達障がいを持つ子の「いいところ」応援計画』（ぶどう社，2006），『見方を変えればうまくいく！ 特別支援教育リフレーミング』（編著，中央法規出版，2013），『通常学級のユニバーサルデザイン プランZero2 授業編』（編著，東洋館出版社，2015），『クラスで気になる子の支援 ズバッと解決ファイルV3 対談編』（編著，金子書房，2017）など。

岩澤一美（いわさわ・かずみ）
1964年生まれ。横浜国立大学教育学部卒業。専門は発達障害の児童生徒の生活指導，ソーシャルスキルトレーニング。宮澤学園（現「星槎学園」）高等部教務部長，星槎国際高校教務部長，星槎中学校（不登校生徒等教育特区認定校）教頭を経て，星槎大学大学院教育実践研究科教授。准学校心理士認定委員。
主な著書に，『新訂 学習障害・学習困難の判定と支援教育』（共著，文教資料協会，2010），『新訂Q&Aと事例で読む 親と教師のためのLD相談室』（共著，中央法規出版，2011），『聞く・話す・伝える力をはぐくむ クラスが変わる！ 子どものソーシャルスキル指導法』（監修，ナツメ社，2014）など。

これだけは知っておきたい
発達が気になる児童生徒の理解と指導・支援
多様性のある子どもたちのあしたのために

2019年2月28日　初版第1刷発行　　　　　　　　　　　　　　　　　　検印省略
2023年4月28日　初版第6刷発行

|著　　者|　　阿部利彦|
|　　　　|　　岩澤一美|

発 行 者　　　金子紀子
発 行 所　　株式会社 金子書房
　　　　〒112-0012　東京都文京区大塚3-3-7
　　　　TEL03-3941-0111(代)　FAX03-3941-0163
　　　　振替　00180-9-103376
　　　　URL　https://www.kanekoshobo.co.jp

印刷／藤原印刷株式会社
製本／一色製本株式会社

ⒸToshihiko Abe, Kazumi Iwasawa, 2019　　　　　　　　　Printed in Japan
ISBN978-4-7608-3270-5　　C3037

金子書房の関連図書

決定版！ 授業のユニバーサルデザインと合理的配慮
――子どもたちが安心して学べる授業づくり・学級づくりのワザ

阿部利彦　編著

定価　本体 1,900 円＋税

クラスで気になる子の支援　ズバッと解決ファイル
――達人と学ぶ！ 特別支援教育・教育相談のワザ

阿部利彦　編著

定価　本体 1,700 円＋税

クラスで気になる子の支援　ズバッと解決ファイル　NEXT LEVEL
――達人と学ぶ！ 特別支援教育・教育相談のコツ

阿部利彦　編著

定価　本体 1,700 円＋税

クラスで気になる子の支援　ズバッと解決ファイル　V3　対談編
――達人と学ぶ！ ライフステージを見据えたかかわり

阿部利彦　編著

定価　本体 2,000 円＋税